JN091049

上級日本語教材

留学生の
ための 分 野 別

学びの

扉

JASSO 日本語教育センター

はじめに

　本書は、中級レベルの学生が上級へ行くための橋渡し的な役割を担うとともに、上級レベルの力をつけていくことを目標として作成した。したがって、中級後半レベルのものから、上級の中でも高いレベルの内容までをそろえた。

　内容は以下の8つの分野に分けられている。8つの分野は、留学生が目指す主な学問領域を網羅したものである。その内容は、その分野で近年話題となっているものを生の素材から選び、他の分野を専攻する学生でも、興味深く読めるような内容にした。

「社会学系」「工学系」「農・水産学系」「生活科学系」
「人文学系」「医療・保健学系」「芸術学系」「理学系」

　上記の8つの分野を各章とし、1つの章をChapter 1からChapter 3の3つに分けた。Chapter 1では、語彙や文法を補完しつつ、その分野への関心を引き起こすことを目指している。Chapter 2では、より深い読解や記述ができるようになるとともに、その話題に対して、思索し、自分なりの意見が持てるようになることを目指している。Chapter 3では、ディベートやプレゼンテーション、情報の検索や文章作成など、様々な言語活動を通して、他者の異なる意見を尊重しつつ自身の考えや意見を発表発信してゆくことを目指している。

　各章は独立しているので、どの章からでも学べる。また、どのChapterから学び始めてもかまわないように構成されている。

　本書は、優れた日本語力を身につけ、様々な分野について問題意識が持てるようになっている。しかし、本書の目標はそれだけではない。本書の様々な活動を通して、他者との関わりの中で自分自身を見つめなおし、自律的に成長できる人材育成を目指しているのである。それは、大学や専門学校、大学院に進学したり、社会人として就職した後も、一生涯必要となる深く考えて謙虚に学ぶ能力を培ってほしいという願いがあるからである。

　本書には8つの学びの扉がある。そのどれか1つからでも、学びの深みと広がりを感じてもらえれば幸いである。

この本をお使いになる皆さんへ

本書は、分野によって以下の8つの章に分かれている。

「社会学の扉」「工学の扉」「農・水産学の扉」「生活科学の扉」

「人文学の扉」「医療・保健学の扉」「芸術学の扉」「理学の扉」

各章は Chapter 1、Chapter 2、Chapter 3 から成り、以下のような構成になっている。なお、Chapter 1 と Chapter 2 の文章の難易度は目次に★の数で示してある。

〈 Chapter 1 〉

Chapter 1 では、文章を読み、その分野への関心や問題意識を持つことを目指す。また、文章の内容だけでなく語彙や表現の習得にも焦点を当てる。

[ウォーミングアップ]：簡単な問いからそのトピックに関する思考を活性化する。

[本 文]：表現や語彙にも着目して比較的平易な文章を読む。

[内 容 確 認 1]：〇×の問いに答え、内容を大まかに把握する。

[こ と ば]：本文の中の大切なことばを確認する。

[ことばの練習]：そのことばが文の中で適切に使用できるように練習する。

[表 現]：本文の中の表現が自分でも活用できるように練習する。

[内 容 確 認 2]：設問を通して本文の内容が理解できているか確認する。

〈 Chapter 2 〉

Chapter 2 では、文章を読み、内容理解だけでなく、その話題について自身の考えをまとめたり発展させたりすることを目指す。

[ウォーミングアップ]：簡単な問いからそのトピックに関する思考を活性化する。

[本 文]：やや抽象的で難易度の高い文章を読む。文章全体の構成や関係性を意識し、その文章の意図するところを理解する。

[内 容 確 認]：文章を構造化して捉えることにより内容の理解を確認する。さらに、自分で調べて考えをまとめたり、他者と意見を交換することによって、その話題についての理解を深める。

〈 Chapter 3 〉

　Chapter 1 と Chapter 2 の内容を踏まえて、様々な言語活動を行う。「ディベート」や「プレゼンテーション」、「情報の検索」や「文章作成」、「ビブリオバトル」や「対話型鑑賞」等のアクティビティーを通して、言語運用能力、思考力、協働する姿勢を培うことを目指す。取り上げるテーマや進め方については例として示してあるが、適宜アレンジしてほしい。

　本書での学習の助けとなるものとして、以下のものがある。

◆ 本書の構成

　目次の次のページに各 Chapter の達成目標、文章の概要、難易度、取り上げた語彙、文型・表現がまとめてあり、本書の内容が概観できる一覧となっている。

◆ 語彙リスト

　巻末に Chapter 1、Chapter 2 で確認しておいてほしい語彙の一覧をまとめた。

◆ 解　答

　別冊で解答をつけた。（例）と書いてあるものは、あくまでも解答の一例であるので、これにとどまらず自由な発想で考えてほしい。Chapter 3 については、留意点と参考となるものを載せている。

目　次

［別冊］解答

【本書の構成】

分野	[章]	Chapter 1	Chapter 2	Chapter 3
		タイトル / 文章の難易度 / 内容・活動 / 文型・表現 / 達成目標 / 語彙	タイトル / 文章の難易度 / 内容・活動 / 達成目標	タイトル / 活動 / 内容 / 達成目標

【1章】社会学の扉

Chapter 1 ★
- タイトル：格差社会？
- 内容：経済格差、教育格差
- 語彙：放(はな)る／画期的／予習／納める／手を打つ／矛先／飛びかする／欠かす／行き過ぎる／測(はか)る／裏付ける
- 文型・表現：A 〜にして〜／B 〜かって〜／C 〜が発端となり〜／D 〜ただ、〜

Chapter 2 ★★★
- タイトル：熱帯林のポリティカルエコロジー
- 内容：熱帯林と生物多様性の現状、ポリティカルエコロジー
- 達成目標：
  - 熱帯林の問題や価値について異なる立場や年代の視点から理解できる。
  - 筆者の意見を理解するとともに、自分の意見が持てる。

Chapter 3
- タイトル：知ってる？このニュース
- 内容：情報収集・要約
- 達成目標：新聞やインターネットのニュースを収集し、他者に伝える。
  - 専門分野や興味のある分野についての記事を読んで出来事の内容や経緯を把握することができる。
  - 5W1Hを明示して記事を要約し、他者に伝えることができる。

【2章】工学の扉

Chapter 1 ★
- タイトル：ようこそ建築の世界へ
- 内容：有名な建築物、地域性を反映した建築物の紹介
- 語彙：心もとない／疑似／する／べこむ／施す／叡智の結晶／染み込む／老朽化／見違う／ともすれば／くくる／ほんわかする／ポリシー／一種
- 文型・表現：A 〜にして〜／B 〜をもってしても〜／C 〜に〜ない／D 〜ゆえ

Chapter 2 ★★
- タイトル：AIって何？
- 内容：人工知能の可能性と懸念、シンギュラリティ
- 達成目標：
  - AIのメリットデメリットについてまとめることができる。
  - AIを取り巻く状況をふまえた上でAIに対する自分の意見がまとめられる。

Chapter 3
- タイトル：AIと生きる未来を考えよう
- 内容：ストーリー作成
- 達成目標：AIの活用が進んだ未来社会について想像し、ショートストーリーを書く。
  - テーマについて調べ、想像力を働かせながら設定することができる。
  - 読み手を引き付ける設定を展開し、ショートストーリーを書くことができる。

【3章】農・水産学の扉

Chapter 1 ★
- タイトル：ある若者の就農までの変遷
- 内容：農業人として生きる
- 語彙：経る／感傷する／志す／手がかり／それなり／打ち込む／勝手が違う／いつしか／快い／あくせく／力む／染まる／べこたれる
- 文型・表現：A 〜だろうか、いや、むしろ〜／B [無生物]が[主体]V使役形／C 〜あくまでも〜／D 〜ままに〜

Chapter 2 ★★
- タイトル：昆虫食のススメ
- 内容：食糧不足解決の手段としての昆虫食の優位性
- 達成目標：
  - 食糧の問題点、昆虫食の優位性、養殖の問題点についてまとめることができる。
  - 21世紀の食料、環境問題をふまえた上で今後の食料生産方式について考えることができる。

Chapter 3
- タイトル：私たちのSDGs
- 内容：プレゼンテーション
- 達成目標：SDGsの現状と取り組みについて調べ、発表する。
  - SDGsについて調べ、それに対する自分の意見をまとめることができる。
  - スライドを使い、発表にふさわしい言葉や態度でプレゼンテーションをすることができる。

【4章】生活科学の扉

Chapter 1 ★
- タイトル：もったいない
- 内容：年中行事にともなう食品廃棄、衣料品廃棄
- 語彙：あける／一環／相次ぐ／危惧／報じる／塙か／惜しさ／たどる／手がける／陳向／セオリー
- 文型・表現：A 〜もの／B 〜か否か／C 〜ならまだしも／D いかにして〜か

Chapter 2 ★★
- タイトル：漂うプラスチック
- 内容：マイクロプラスチックの影響、犠牲になる野生動物
- 達成目標：
  - マイクロプラスチックの効果、プラスチックゴミの現状と影響について知り、簡単にまとめることができる。
  - プラスチックゴミ削減の取り組みについて、自分の意見を述べることができる。

Chapter 3
- タイトル：なくてもいいものを考える
- 内容：意見文作成
- 達成目標：社会の変化の中で存在意義が問い直される物事について考察し、意見文を書く。
  - 現状に対してクリティカルな視点を持ち、自分の意見を持てる根拠を探ることができる。
  - 客観的な根拠を挙げて、意見文を書くことができる。

分野	Chapter 1	Chapter 2	Chapter 3
【5章】人文学の扉	読書の時間　★ 小説『調律師のるみ子さん』『玩具作りのノルデ爺さん』 就く／うんうんと／話にならない／手違い／せめてもの／疑らず／おずおずと／案ずる／さびる／さびを返す／もてなす／もってこい／口をつく／でたらめ A ～それでいて、～ B ～わけにはいきませんか C ～げ D ～うち～うが	未来の他者との連帯　★★★ 未来世代との連帯の可能性 ・抽象的で複雑な構造の文章を正確に理解することができる。 ・未来の他者との連帯という視点を持つ意味を考え、意見を述べることができる。	知的書評合戦！ビブリオバトル ビブリオバトル 自分が読んだ本を5分間で紹介し、参加者全員の投票で「読みたくなった本」を決定する。 ・限られた時間内で説得力をもって、相手に勧めることができる。 ・相手に配慮し、その場に応じた的確な質疑応答ができる。
【6章】医療・保健学の扉	生と死が創るもの　★★ 脳死・生命倫理・生命科学からみた生と死 懸案／瀕死／ためらう／おもいばかる／添う／倫理／歯止め／狂う／きわめる／表裏一体 A ～として／～の B もし～だろう。しかし～ C ～まして D ～事実、～	iPS細胞　★★ iPS細胞、iPS細胞とES細胞 ・生物の再生能力と幹細胞との関係を知り、iPS細胞とES細胞とはどのようなものなのか理解できる。 ・iPS細胞の今後の可能性と課題について調べ、自分の意見が持てる。	肯定派？否定派？ ディベート 肯定派、否定派、審判の役割を分担し、意見を述べて勝敗を決定する。 ・論理を組み立て効果的に話すことができる。 ・複数の視点で物事を分析できる。 ・論理性や説得力の観点から他者の意見を評価することができる。
【7章】芸術学の扉	アニメ界の巨匠たち　★ 手塚治虫・宮崎駿。宮崎駿についての鈴木敏夫氏へのインタビュー 人間味／類を見ない／てまわせ／幅が出る／ぶげかわしい／貪欲／気が済む／露わ／あらためて／あえて／形にする／内心／憎めない／削る／うらみつらみ A ～ていく B ～はどうか C ～わけだから D ～であり／たい／であってほしい	余白の美学　★★ 日本の美意識。芸術作品における余白の意味 ・日本の絵画、建築等の実例から、余白に美を感じる日本の美意識について知る。 ・芸術作品や建築等に込められた美意識について考え、説明することができる。	芸術を語ろう 対話型鑑賞 対話をしながら芸術作品を鑑賞する。 ・芸術作品を鑑賞し、感じたことを言語化することができる。 ・他者と芸術作品について意見を交換し、異なる見方に気づくことができる。
【8章】理学の扉	日常のカラクリと素数　★★ 素数ゼミの生存戦略。公開鍵暗号のしくみ ずれる／～てて／～がかり／たまったものではない／重く／やりとり／元も子もない／何らか／さらり／開き直る／一挙の終わり／当たる／連む／脅かす	光、そして時間と空間　★★ 特殊相対性理論、時間と空間、質量の不思議 ・特殊相対性理論についてある程度理解できる。 ・科学的な内容の文章を読み、自分なりの興味関心、疑問点を挙げることができる。	なぜ？を考えてみよう 問いの発見・探究 身の回りの「なぜ？」と思うことについて調べ、クイズを作成して出題する。 ・身近な物事の中から疑問や問題点を見つけ、問いを立てることができる。 ・問いについて調べ、他の人に説明することができる。

1章

社会学の扉

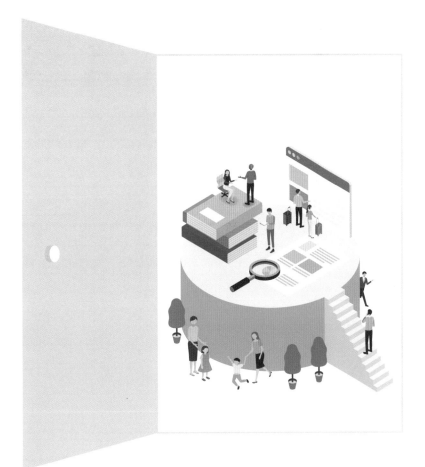

格差社会？

▶ どんな「○○格差」を知っていますか。

▶ どんな時に格差を感じますか。

大ボリュームの『21世紀の資本』にはどんなことが書かれているの？

　トマ・ピケティの『21世紀の資本』は700ページを超える大著ですが、そこに書かれていることは意外とシンプルです。著者がこの本で主張していることは、大きくまとめれば次のふたつとなります。

① 資本主義の社会では、放っておくと貧富の格差が拡大するしくみになっている

② 格差を縮小するためには、世界規模で累進課税の富裕税を導入する必要がある

　これだけのことを言うのに、なぜ700ページも必要だったのかというと、過去200年にわたる世界各国の資産や所得のデータを分析しているためです。これほど広範囲、かつ長期間のデータを扱っている経済学の本は、これまで存在しませんでした。これこそが、この本の最大の特徴であり、画期的な点と言えるでしょう。

　①を補足すると、従来の経済学では基本的に、資本主義が発展すればするほど、つまり経済活動が活発になればなるほど貧富の格差は縮小すると考えられてきました。ですが、ピケティは膨大な過去のデータの分析により、それが間違いだと証明したのです。

　第二次世界大戦後の社会では、格差は縮小の方向に動いていました。しかし、もっと長いスパンで眺めてみると、その時期20世紀中盤から後半にかけての数十年間が例外的な期間だったことがわかったのです。それ以前は、つねに格差は拡大傾向にありましたし、近年も再び拡大傾向に戻りつつあります。

　ピケティは、格差の拡大を次のような簡単な式で表しました。

$r > g$

　r は資本収益率、g は経済成長率を示しています。要するに、一般の国民が働いて得た所得の伸びより、株式や不動産といった資産を持っている富裕層の利益の伸びのほうが大きいということです。そのため、経済が成長すればするほど

格差は拡大し続けるのです。ピケティはこの式を、「資本主義の根本矛盾」と名づけています。

r ＞ g を表したグラフ

資本収益率（r）

資産

利益率

株式

不動産

（％）6

年間収益率と年間成長率

5

4

3

2

1

0

□ 純粋な資本収益率 r
■ 世界産出成長率　g

r

g

格差拡大

1000　1000　1500　1700　1820　1913　1950　2012　2050（年）
　　　～1500 ～1700 ～1820 ～1913 ～1950 ～2012 ～2050 ～2100

経済成長率（g）

労働で得る所得

出所：『21世紀の資本』をもとに作成

資本収益率（r）とは投資によって得られる利益率、経済成長率（g）は労働によって得られる所得率を表わす。

世界規模の富裕税という夢物語

　格差の拡大を防ぐための解決策のひとつとしてピケティが提案しているのが、②の「世界規模で累進課税の富裕税を導入する」です。累進課税の富裕税は、簡単に言えば、金持ちになればなるほど高い税金を払わなければいけないということ。金持ちが納めた税金を貧しい人に分配することができれば、当然、格差は縮小します。

　ここで重要なのは、「世界規模」という点です。もし、どこかの国だけが累進課税の富裕税の導入をしなければ、大半の金持ちはその国に資産を移して税金を逃れようとするためです。しかし、世界規模での累進課税の富裕税の導入は現実的ではありません。税の制度は国によって違うので、統一するのはきわめて困難です。加えて、世界中の人の資産状況を正確に把握することも、難しいと言わざるを得ません。

　ピケティ自身も、「世界規模の富裕税」というのが夢物語であることは認めています。ですが同時に、そういった制度を強制的にでも導入しなければ、格差の拡大を止めることはできないのです。そして、格差が拡大すれば社会が不安定化し、戦争や暴動など、さまざまなリスクが高まることになるでしょう。

『21世紀の資本』はどうして売れているのか？

　『21世紀の資本』が出版される2年前の2011年に、ニューヨークのウォール街でウォール街占拠運動という大規模デモが発生しました。

　2007年のサブプライムローン問題が発端となり、アメリカのバブル経済は崩壊しました。その影響から、2008年にアメリカの投資銀行であるリーマン・ブラザーズが破綻。これがきっかけとなり、世界的な金融危機が発生しました。リーマンショックです。

　リーマンショックによって、アメリカをはじめとする世界各国は不景気となりました。その原因をつくったアメリカでは、若者の4割が仕事に就いていなかっ

たにもかかわらず、政府は有効な手を打てずにいました。そのことへの不満が若者や中間層の間で高まり、世界金融の中心地であるウォール街を占拠しようという運動が発生したのです。

5 **格差問題によりデモが発生**

運動への参加者の不満は、失業率が高いことだけではありません。国民の多くが苦しんでいるのに、政府が金融機関を救済しようとしたことにも怒りの矛先が向けられました。また、放漫な経営によって不景気を引き起こした金融機関の経営者たちが、高額な報酬や退職金を得ていたことも多くの人びとの怒りに火を注10 ぎました。

デモの参加者たちがスローガンとしたのは、「We are the 99％（わたしたちは 99 パーセントだ）」15 という言葉です。これは、アメリカにおいて、上位1パーセントの富裕層が所有する資産が増加し続けていることへの抗議を20 意味しています。まさに、格差問題であり、ピケティが『21世紀の資本』で主張した点と、全く同じです。「ウォール街占拠運25 動」は2カ月ほどで沈静化しましたが、アメリカ

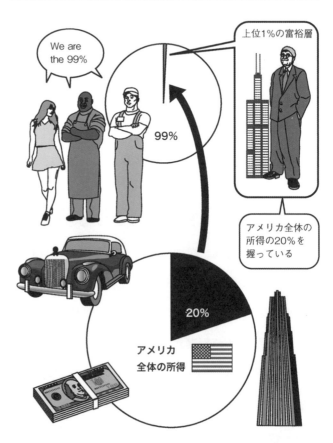

上位1％が占める所得の割合

We are the 99%

上位1％の富裕層

99%

アメリカ全体の所得の20％を握っている

20%

アメリカ全体の所得

アメリカにおいては、上位わずか1％の富裕層の所得が、国全体の所得の20％を占めている。

の格差問題が解消したわけではありません。このような背景が一因にあり、ピケ

ティ人気がアメリカで爆発したのです。

　そして、格差の問題はアメリカ社会だけの問題ではありません。事実、「ウォー

ル街占拠運動」は同時期に各国に飛び火し、ドイツやフランス、イギリス、日本、

5 韓国などでも同じようなデモが発生しました。今や、「1パーセントの富裕層と

99パーセントのその他」という問題を世界各国が共有して抱えているのです。

それゆえ、『21世紀の資本』は世界的な大ヒットになったと言えるでしょう。

ピケティの立場は、資本主義を否定している？

10 　「資本主義の社会では格差が拡大する」という主張だけを見ると、ピケティは

資本主義に否定的だと思うかもしれません。ですが、ピケティは資本主義を肯定

しています。

　ピケティは、「資本主義よりも効率の高い経済システムはない」と言っていま

すし、「私的財産の保護は、個人の自由や経済効率性を高めるうえで欠かせない」

15 とも言っています。経済成長の必要性も否定していません。

　要するに、ピケティの言っていることは、資本主義はよくできたシステムだが、

それだけで社会がうまくいくわけでもなければ、人びとが幸福になれるわけでも

ないということです。そこで、資本主義に、累進課税の富裕税という富を再分配

するシステムを導入すべきだと言っているのです。

20 　貧富の格差の存在自体も、ピケティは否定していません。公正な競争の結果と

して、ある程度の格差が生じるのは自然だとしています。ただ、行き過ぎた格差

は社会を不安定化させると言っているのです。また、格差の固定化は、競争のス

タート条件を不公平化させるからいけないとも主張しています。

　格差の固定化によるスタート条件の不公平化の一例として、教育にお金をかけ

25 られる金持ちの子どもしか一流大学には行けず、一流大学を卒業したものは大企

業に就職できて、金持ちになるといった流れを挙げています。このようにピケティ

は、過去も現在も未来も、資本主義の社会では格差は固定化しやすいと警告しているのです。この、格差の固定化を防ぐためにも、累進課税の富裕税は必要になってきます。さらには、国家による教育への投資が必要だとも訴えています。

いくつかの注文はつけながらも、ピケティが資本主義そのものを否定していないことは間違いありません。

日本の教育 ―― 世帯年収で生じる教育格差

教育費を潤沢に費やせる富裕層の家庭に生まれた子どもは、低所得層の子どもに比べて一流大学に進みやすい。そして、一流大学を卒業することで高収入を得られる仕事につく機会が増え、その子どももまた一流大学に行きやすくなる。そんな貧富の格差による教育格差と、その固定化をピケティはたびたび問題にしています。この傾向はアメリカにおいて顕著ですが、日本も例外ではありません。

東大（東京大学）生の親の年収を調べた2012年度の調査によれば、57パーセントが950万円以上という結果でした。親の年収が1550万円以上の人も、17.1パー

東大生の子どもをもつ親の年収

年収450万円以下

年収1,550万円以上

就職の失敗や低収入の仕事が原因で、奨学金の返済が困難になる場合も……。

10%

17.1%

33%

39.9%

年収950万円以上
57%

日本の平均世帯年収を大きく上回る年収を稼ぐ家庭！

日本の平均世帯年収が約537万円（2013年度）。東大生の親の半分以上がそれを大きく上回る950万円以上の年収を稼いでいる。

セントもいます。日本の世帯平均年収は約 537 万円（2013 年度）ですので、東大生の半分が、日本の平均世帯年収の約 2 倍、あるいは、それ以上を稼ぐ家庭の子どもとなります。

　それを裏づけるように、別の調査によれば、東大生の父親の勤務先の規模は、従業員数 1000 人以上が 48.4 パーセントともっとも多く、大企業や官公庁であることがうかがえます。父親の職種としては、管理的職業、専門的・技術的職業の順に多く、エリート層であることが明らかです。専門的・技術的職業とは、医者や弁護士などを指しています。

　もうひとつ、富裕層のほうが一流大学に行きやすいデータとしては、東大・京大（京都大学）合格者に占める私立高校出身者の割合が参考になります。2013 年春の高校卒業生全体に占める私立高校卒業生は 29.9 パーセントでしたが、東大・京大合格者 5960 人では 49.4 パーセントと半数近くが私立高校卒業生でした。公立高校よりも私立高校が学費が高いことは、言うまでもありません。このことからも、親の年収と子どもの学歴には相関関係が強いことがわかります。

奨学金の先に待ち受ける返済地獄

　もちろん、貧しい家庭の子どもが絶対に東大に行けないというわけではありません。例年、東大生の 10 パーセント程度は、親の年収が 450 万円以下の低所得層です。誰でも努力次第で東大に行くことができるとは言えます。

　ただ現在、国立大学で入学料、授業料を合わせた初年度納付金は 81 万 7800 円ですので、年収 450 万円以下ですと、かなり大きな負担となります。さらに上記納付金とは別に、施設費や実習費を徴収される場合もあります。私立大学に比べて国立大学の学費は安いというイメージがあるかもしれませんが、私立文系ですと初年度納付金は 120 万円程度ですので、けっして国立が極端に安いわけではありません。

　一応、低所得層の進学をサポートするために、奨学金という制度もあります。

　しかし、返済義務のない給付型奨学金ならいいのですが、日本の場合、主流となっているのは返済義務のあるものです。しかも、利子のない貸与型よりも、利子をとる形式の奨学金が増えています。とくに近年では、返済金の回収が厳しくなっており、大学を卒業しても就職に失敗したり、あるいは低収入の仕事についてしまったりすると、サラ金と同じように返済地獄に苦しむことになりかねません。

　ピケティは、「国が教育に投資することこそが、経済成長につながる」と言っています。ですが、日本の現実はなかなかそうはなっていないようです。

出典：藪下 史郎監修『オール図解！ピケティが教えてくれた格差と貧困のカラクリ』

こども食堂

　こども食堂って聞いたことがありますか。地域住民やNPO法人が主体となり、無料または安い値段で子供たちに食事を提供する活動です。日本では子供の7人に1人が、標準的な所得の半分以下の世帯の子供だと言われています。食事が満足に食べられずお腹をすかせた子供たちに、こども食堂は温かい食事を提供しています。また、最近では食事だけでなく、子供たちに勉強を教えたり、高齢者や様々な層の人たちの交流の場としての役割も果たすようになってきています。

　このようなこども食堂は、どんどん増えています。しかし、本当に困っている子供たちが来てくれているのか、活動資金の調達をどうするかなどの問題があり、こども食堂を続けていくためには、より多くの地域住民や地方自治体の協力や支援が不可欠です。

≫ 内容確認 1

文章の内容と合っているものに ○ を、合っていないものに × をつけなさい。

1. （　　）トマ・ピケティが『21世紀の資本』で主張したかったことは、貧しい人は一生懸命働かなければどんどん貧しくなるということである。

2. （　　）今までの経済学では、資本主義経済の発展が続けば、お金持ちと貧しい人の格差はいずれ少なくなると考えられてきた。

3. （　　）資本収益率とは、株式や不動産といった資産から得られる利益率のことである。

4. （　　）ピケティはまずどこかの国が累進課税の富裕税を導入しなければ、いつまでたっても格差の拡大は防げないと言っている。

5. （　　）ウォール街占拠運動はリーマンショック後の失業率の改善や金融機関の救済を政府がしようとしなかったことが原因で起こった。

6. （　　）ピケティは資本主義をよいシステムだと考えているが、格差が固定しやすいため、富の再分配のシステムが必要だと言っている。

7. （　　）アメリカにおいても日本においても、一流大学は学費が高いので、お金持ちの子どもが占める割合が高い。

8. （　　）日本の奨学金は、ピケティが述べている経済成長には国の教育への投資が必要という考えに沿っているとは言い難い。

≫ こ と ば

放る	貧富	格差	累進課税	画期的	膨大	スパン
中盤	富裕層	根本	矛盾	夢物語	納める	逃れる
把握する	発端	崩壊する	投資	破綻	手を打つ	救済する
矛先	放漫	報酬	スローガン	抗議	飛び火する	欠かす
公正	行き過ぎる	訴える	世帯	潤沢	費やす	顕著
裏づける	官公庁	エリート	相関関係	待ち受ける	納付金	徴収
極端	返済	給付	主流	貸与		

≫ ことばの練習

☐ の中のことばを適当な形に変えて（　　　　）に入れなさい。

放る	潤沢	訴える	画期的	手を打つ
発端	矛盾	欠かす	費やす	行き過ぎる
矛先	破綻	納める	裏づける	飛び火する

1. （　　　　　　　　　　　）しつけは、子供を非行に走らせる可能性がある。

2. この村は高齢化が進む一方だ。一刻も早く何か（　　　　　　　　　　）と
   数年後には若者がいなくなってしまう。

3. 税金を（　　　　　　　　　　）のは国民の義務です。

4. 政府に対する抗議のデモは当初首都圏だけだったが、すぐに全国各地に
   （　　　　　　　　　　　）、全国的な運動になった。

5. 議論が思わぬ方向へ行って、何の責任もない私にまで非難の（　　　　　
   　　　）が向けられた。

6. この不況下にあっても、（　　　　　　　　　　）独自のやり方で業績を伸ば
   している企業がある。

7. （　　　　　　　　　　）資金があるならいいが、資金の乏しいうちの会社が
   そんなチャレンジをするのは危険だ。

8. この傷は、このまま（　　　　　　　　　　）おくと、命の危険があります。

9. 研究開発に力を入れようと言いつつ、その予算を削減しようとする会社
   の方針には（　　　　　　　　　　）を感じる。

10. 歌と踊りに秀でた彼は、このアイドルグループに（　　　　　　　　　　）存在
    である。

11. 彼女はその日どこにも出かけていないと言っているが、それを（　　　　　
    　　　）証拠がない。

》 表　現

A なぜ〜かというと、〜ため / から だ

1. 親がなぜ子供に厳しく言うかというと、立派な大人になってほしいと願っているためです。

2. なぜここで地滑りが起こったかというと、先日の地震で地盤が緩んでいたためだ。

3. なぜ大学で農業を専攻したいかというと、_____

_____。

B 〜、かつ〜

1. 迅速、かつ丁寧な対応をしてくださり、ありがとうございます。

2. 我が社は日本への留学経験があり、かつN1を持っている人を募集している。

3. 彼は_____、かつ_____。
だから、みんなに信頼されている。

C 〜が発端となり〜

1. フランス革命が発端となり、フランスは近代化への道を歩みはじめた。

2. 電車の中のささいな噂話が発端となり、銀行が倒産するというデマが町中に広まり、大きな騒ぎとなった。

3. ひとりの政治家の失言が発端となり、_____

_____。

D 〜。ただ、〜

1. 私はよくカフェで勉強します。ただ、週末は席がなかなか取れないんです。

2. 来年度から研修期間が長くなるだろう。ただ、まだ正式決定ではない。

3. 彼女は人柄はとてもいいんです。ただ、_____

_____。

》》 内容確認 2

次の質問に答えなさい。

1. ピケティは格差が拡大するのはなぜだと言っていますか。

2. 『21 世紀の資本』が世界的な大ヒットになったのには、どんな背景があったからですか。

3. この文章では経済的な格差と教育格差の関係についてどのように言っていますか。

4. 日本の奨学金の問題点は何ですか。

5. 現在、様々な格差がありますが、あなたの国やあなたがよく知っている国にはどんな格差の問題がありますか。それらについてどう思いますか。

Chapter 2

熱帯林の
ポリティカルエコロジー

▶ 熱帯林に対してどんなイメージを持っていますか。

▶ どんな環境問題に関心がありますか。

一般的に熱帯林といえば、豊かな生態系が存在しているというイメージがある。

しかし、生態学的には意外と脆く、一度伐採されると再生は非常に難しい。熱帯林の保全が叫ばれているが、今われわれが抱えている本当の問題とはいったい何なのだろうか。

5

生物多様性という言葉

「生物多様性」は、熱帯林での生物の相互依存の重要性を目の当たりにし、と同時に、その消失を憂慮した生物学者によって造られた言葉である。定義は、少なくとも当初は、明確ではなかった。一般の人がすぐに理解できないのは無理も

10　ない。

とはいえ「生物多様性」は生物学者にとってきわめて便利な言葉である。

誰もが知っているオオタカやパンダなどの保全は比較的理解を得やすい。みな関心があるからだ。しかし誰も知らない、同じように危険な状態にある生物を守るためにはどうしたらいいか。そこで生物学者は、「絶滅危惧種」という概念と

15　言葉を考えた。「絶滅危惧種」と指定することで、自然に対して少しでも興味のある人が、関心を寄せることを期待した。

それでも欠点がある。小さな昆虫や微生物も含めると、現実には多くの生物が絶滅の危機にある。その中から絶滅危惧種を選別するには綿密な調査が必要だが、とても現状には追いつかない。そもそもすべての絶滅の危機にある種を絶滅危惧

20　種とすれば、そのリストであるレッドブックはとてつもなく分厚いものになる。

しかし「生物多様性」ならすべてを含む。どれか特定の種でなくて、生きものすべてに価値がある。敬虔なる[1]ノアは大洪水の危機にあたって、方舟の大きさを気にしながら助ける生物を選ばなければならなかったのではないか。一方「生物多様性」という方舟は、生物学者のおかげで、無限ともいえる大きさを持つこ

---

[1]**ノア**　旧約聖書に登場する洪水伝説（ノアの方舟の物語）の主人公。大洪水の際に、主人公ノアは多くの種類の動物を方舟に乗せて救った。

とになった。

　しかしその「生物多様性」はなぜ大切か。生物学者は縷々と説明するが、「絶滅危惧種」のような直截なメッセージに欠けている。

　そのため生物学者はさらに「²生態系サービス」という概念をセットで持ち出

5　してくる。生態系は、生物の相互作用システムのことである。生物多様性の基盤であり、逆に生態系を生物の多様性が支えている。その生態系から、物質的なものだけでなく、われわれが様々な恩恵を受けていることを列挙したのが生態系サービスである。熱帯多雨林も一つの、そしてもっとも生物多様性の高い生態系であり、われわれは熱帯林の生物多様性から様々な恩恵を受けている、という

10　ことになる。

熱帯林のポリティカル・エコロジー

　僕が熱帯林に関わる人々について調べようと思ったのは、熱帯林という生態系が、あのころ、つまり 1980 年代前半から、急速に消失し始めていたからである。

15　熱帯林の「消失」はすでに 1970 年代に一部で話題になっていた。最初に懸念を示したのは生物学者でも自然保護団体でもない。後に熱帯林の破壊の元凶とされる木材業界の人たちである。

　熱帯の木材は、通直で年輪もなく、加工しやすい。ラワン材と通称され、多くは合板の原料となった。大根の桂剥きのように、巨大な丸太を薄く剥ぎ取り、

20　繊維の方向を直交させ重ね合わせる。合板は、厚さのわりに丈夫で用途は多様である。熱帯材は日本の工場で合板に加工され世界各地に輸出された。1950 年代には日本の輸出総額の大きな部分を占めた。ある時期熱帯林が日本の経済を支え

---

² **生態系サービス**（Ecosystem services）生態系が人類に与える利益、恩恵。以下の 4 つのサービスに分類される。1. 供給サービス［食料や水などの衣食住に必要なものの供給］2. 調整サービス［大気や水をきれいにし、気候の調整をする］3. 文化的サービス［レクリエーションや娯楽などで人間生活を豊かにする］4. 基盤サービス［植物の光合成や土壌形成（昆虫や微生物が土をつくる）などでサービスの基盤となるもの］

たことは、しっかりと記憶にとどめておくべきだと思う。

　熱帯林の中に日本にまで運んで経済的に引き合う木は、1ヘクタールに数本あるにすぎない。資源保護の観点からは、手間は

焼畑もかつては森林破壊の原因とされた。
インドネシア・中カリマンタン州

かかるが必要な木だけを森林の中から間引くように伐採するほうがいい。木材業者は、自分たちの食い扶持を長く持たせるため、皆伐から択伐へ伐採方法を変更した。森林は森林として残そうとしたのである。

　残された森林は、素人目には手つかずの依然として見事な森林に見える。実際「生物多様性」の点でも大きな損失はない。ただ経済的には価値のない森林で「枯渇林」と呼ぶ。

　自然保護団体が熱帯林の保全に強い関心を示したのは、その枯渇林すらも急速に伐採され、プランテーションに転換され始めたからだ。プランテーションの主役は、1980年代まではゴムノキ、その後今日まではオイルパームである。西アフリカ原産のヤシは、生産性と経済効率が高く、油糧作物としてどの作物よりも優れていた。枯渇林という森林が、オイルパーム・プランテーションという農地に次々と置き換えられてゆく。その荒々しい光景は、自然保護団体の人たちの目には大変なことと映った。

　1990年代に入ると一気に「熱帯林ブーム」になる。熱帯林の消失に多くの人が関心を持った。メディアでも熱帯林が話題になることが多かった。「かけがえのない熱帯林を守れ」。熱帯林から遠く離れた先進国を中心に、保全のためのキャンペーンが張られた。熱帯林は「資源」だけではなく「環境」にもなったのである。

　立場が違えば熱帯林の見方も異なってくる。先進国の木材業者や途上国の政府にとって熱帯林は貴重な資源である。熱帯林が国家の主な財政基盤であった国は多い。また熱帯林の恵みに依存している「森の人」にとっては、生活の場であり糧である。熱帯林を失うことは生存権を奪われることになる。一方、先進国の一般の人にとって、熱帯林は「環境」そのものである。身近ではない熱帯林の消失を、一つの地球という意識、つまりグローバリゼーションの中で、地球規模での自然破壊として理解する。ちなみに『オックスフォード新語辞典』には、グローバリゼーションは環境主義者が使い始めた言葉とある。

　熱帯林問題の解決が難しいのは、一つの熱帯林にも立場によって様々な見方があることだ。見方が違えば、利害は衝突する。熱帯林を、国家を支える資源と見る途上国の役人と、大切な環境と考える先進国の人々との間に折り合いをつけるのは難しい。熱帯林問題が大きく取り上げられた 1992 年のリオ・サミット（地球サミット）で、先進国と途上国の対立が顕在化したのはその一つの例である。

　一方「森の人」の生存権の主張は、政治的に周縁にあるため、なかなか表面にでない。ここでもほとんど触れなかったが、本来は公正に取り上げるべきである。

　森の人の生活はローカルであり、資源はナショナルであり、環境はグローバルである。このように大まかには分けることも可能だろうが、現実には単純に切り分けられず、様々に結びつき重なり合っている。森の人の支援を、先進国のNGOが行うのもそうした例だろう。世界中の人々が、熱帯林あるいは熱帯林を転換したプランテーションから実に様々な恩恵を受けている事実もそうだ。

　立場と見方は時代によって移り変わってゆく。植物油脂であるということでオイルパーム製の洗剤や石鹼がもてはやされたこともある。さらにオイルパームは、ついこの間まで石油資源を代替するクリーンなバイオエナジーとして再び脚光を浴びていた。少し想像力を働かせるだけで、熱帯林をオイルパームのプランテーションにすることでいかに多くのものを失っているのかわかるだろう。一面的な見方は短絡的な結論しか生まない。必要なのは複眼の視点である。

　　熱帯林の³ポリティカル・エコロジーとは、内的な生態学的システムを考慮し、熱帯林を取り巻く様々な力学を明らかにし、適切な利用や保全を考えてゆくことである。重なり合いもつれ合っている複雑な因果関係のネットワークを、根気よく解きほぐしてゆくことにほかならない。そのために、熱帯林そのものだけでなく、熱帯林に関わる多様な人たちについても知っておく必要があるのだ。

熱帯林と生物多様性の将来

　　生態学者は、むろん生態学者の立場で、熱帯林を見ている。最後に再び彼らが関心を寄せる、熱帯林の内的システムについて触れておこう。熱帯林の生態学的特徴である。

　　熱帯林、とりわけ熱帯多雨林は、一人の人間として対峙すれば、あまりに巨大で、頑強に思える。実際、歴史的にも長く、征服することが困難な森林であった。熱帯多雨林とその周辺にすむ「森の人」は、森林に手を加えようとは思わなかった。ひたすら森を畏れ敬い、その恵みで生活をほそぼそと維持してきた。日本の里山や雑木林のように、人為を加え改変して利用することはできない。人間が「飼いならす」ことのできない森林である。

　　しかし生態学的には、繊細で脆い。熱帯の土壌は貧弱で、熱帯多雨林は長い時間をかけてゆっくりと大きくなる。一本の木が成熟するのに百年あるいは二百年かかるとも推定されている。ちょっとした環境の変化にも弱い。たとえば乾燥。1982年後半から翌年にかけての異常乾季のとき、エルニーニョという言葉が初めて広く用いられたが、記録を見るとわずかに一カ月雨が降らなかっただけである。それでも、突出木と呼ばれる熱帯多雨林の鬱勃たる巨人は、ひとたまりもなく次々と枯れていった。さらに温帯の木々と違って、熱帯多雨林の木は種子の寿命が短い。開花・結実するのが数年に一度であることとあわせると、天然更新の

---

³**ポリティカル・エコロジー**（political ecology）環境問題を政治経済の視点から研究する学問領域

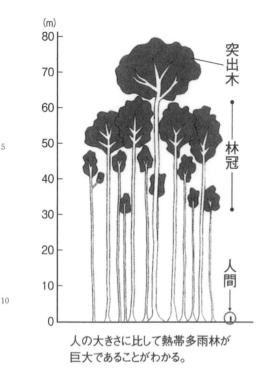

人の大きさに比して熱帯多雨林が
巨大であることがわかる。

機会が限られていることは、容易に想像できるだろう。熱帯多雨林は、ひとたび伐採されると再生のきわめて困難な森林なのである。

　熱帯林に実に多くの生きものが依存している。人間もその中の一種である。人間は熱帯林だけでなく、熱帯林に生きる生物にも依存している。熱帯林の植物や微生物などに、難治の病気に効く成分を持つものもいるのがよく引き合いに出される例である。

　熱帯林の生物学者は確信しているのである。どのような立場であれ、熱帯林を失うことは取り返しのつかないことになることを。

　だから、「生物多様性」という一般向けの言葉を造り、「生態系サービス」という概念を考え出した。「生物多様性」の定義はわかりにくいかもしれないが、逆に、それが重要かもしれない。定義が曖昧だから、あらゆる場面で便利に使え、しかも学術的な雰囲気を持つ言葉である。ドイツの言語学者ベルクゼンのいう [4]プラスチックワードである。よくわからないけどありがたい、いわばお経のようなもの。「生物を大切に」といえば小学校の標語だが、「生物多様性の保全」と言えば専門的に重々しく聞こえるだろう。

　一方「生態系サービス」では熱帯林が人の役に立つことを一つ一つ網羅的にあげている。さらに、どのくらい役に立つのか経済的に評価しようとしている。

---

[4] **プラスチックワード**　意味があいまいなまま、新しい内容を伝えているかのように思わせる言葉。プラスチックのように自由に組み合わせができて、一見意味ありげな文が作れる言葉である。「アイデンティティー」「コミュニケーション」「インフォメーション」など。

「⁵生態系と生物多様性の経済学」（TEEB）がそれだ。中間報告の前書きにはこうある。「自然は市場に組み込まれることを回避し、価格設定と価値査定を逃れている。この自然の価値査定の欠如が、我々が現在悟りつつあるように、生態系の劣化と生物多様性の損失の根本的な原因となっている」

5　大きな間違いである。生物多様性と生態系に価値を認めることと、それに価格をつけることは別のことである。欠如しているのは、生物多様性の価値を認める共通認識である。熱帯林の生物学者は、熱帯林が存在すること自体に価値があることを知っている。しかし今日現在、世界を席巻している共通価値は貨幣である。「生物多様性の保全」には関心を持たない政治家や企業家も、経済的に大きな損

10　失だと理解すれば、保全に向けた行動を起こすかもしれない。

　だから生物学者は生物学者なりに政治的に判断を下し「生物多様性」と「生態系サービス」を学術的に客観性の高いものにしようとしている。確信犯であり、これはもっとも広義のポリティカル・エコロジーである。

　繰り返しておこう。熱帯林を含めた生態系は、そして生物多様性は、人の役に

15　立つから重要なのではない。どの生物もほかの生物がいないと生きられない。つながりが大事だと述べたが、そのつながりの中に人間も入っている。生態系の中に人間が含まれ、生物多様性を構成する一種がわれわれ人間なのである。人間も「役に立つから存在する価値がある」ものではないだろう。

出典：阿部 健一「熱帯林消失と生物多様性」『kotoba』2010 年秋号

---

⁵ **生態系と生物多様性の経済学（TEEB）**　The Economics of Ecosystems and Biodiversity。生物多様性や生態系サービスの価値を経済的な価値に置き換えて可視化し、自然の重要性の認識に役立てることを提唱し、国連環境計画（UNEP）の主導の下、2007 年に発足したプロジェクト。2008 年に中間報告が発表された。

≫ 内 容 確 認

1. 生物学者が造り出した概念や言葉について簡単にまとめなさい。

「絶滅危惧種」

目　的：① _____

欠　点：絶滅危惧種の選別には② _____ が必要だが、それが非常に

　　　　困難であること。また、③ _____ こと。

「生物多様性」

良い点：特定の種だけでなく④ _____

欠　点：⑤ _____ こと。

「生態系サービス」

人類が生態系から⑥ _____ を列挙したもの。

2. 熱帯林の消失に対して危機感を持ち始めたのはどのような人々ですか。

1970 年代：① _____ → 皆伐から択伐へ変更

1980 年代：② _____

1990 年代：③ _____ → 「熱帯林ブーム」

　　　　　　　　　　　　　　　　　　先進国を中心に保全活動を展開

3. 熱帯林に関わる様々な人の立場と見方についてまとめなさい。

立　場	熱帯林に対する見方
①	貴重な資源
「森の人」	②
③	環境そのもの

4.　熱帯林（熱帯多雨林）はどのようなものですか。

　　　人間として対峙した場合

　　　　　・非常に①_____ イメージ

　　　　　・②_____ が困難な森林

　　　生態学的にみた場合

　　　　　・③_____

　　　　　・④_____ に弱い

　　　　　・種子の寿命が短く、開花・結実も数年に一度であり、⑤_____

　　　　　　_____

　　　　　　⇒ 一度伐採されると⑥_____

5.　「生態系と生物多様性の経済学（TEEB)」の背景と目的をまとめなさい。

　　　社会背景：①_____ が世界的な共通価値

　　　目　　的：②_____ ことによって、

　　　　　　　　③_____

　　　　　　　　_____

6.　生物学者である筆者が、この文章で最も主張したいことは何ですか。

7.　近年、環境に関する問題と言われているものには、どんなものがありますか。
　　また、それに対して、複数の立場からの考え方や見方についてまとめなさい。

Chapter 3

情報収集・要約

知ってる？このニュース

　新聞やインターネット上のニュースにはさまざまな情報が詰まっています。政治、経済、国際、科学、社会、文化、スポーツなどジャンルも多様で、報道記事だけでなく出来事の解説や、各社の意見を述べる社説、エッセイ、投書など多岐にわたります。

　自分の専門分野に関係のあるニュースや、関心のあるニュースを集めてみましょう。

１．**関心のあるニュースの記事を集める**
　　新聞やインターネットの記事を保存しておく。

２．**一つの記事を選び、ワークシートに記入する**
　　ニュースの内容を要約し、興味を持った理由や意見・感想なども書く。

３．**グループでそれぞれの記事について話す**

さらに **もう一歩**

　関連記事を探してみましょう。背景やその後の経過、ほかの視点からの意見などを調べ、ワークシートにまとめてニュースについての理解を深めましょう。

ワークシート

トピック
記事の見出し

出　典	掲載日

興味を持った理由

要　約　5W1H《いつ (When)、どこで (Where)、だれが (Who)、なぜ (Why)、どのように (How)》が
　　　　わかるようにまとめる

意見・感想

2章

工学の扉

Chapter 1

ようこそ建築の世界へ

サグラダ・ファミリア

▶ あなたが今住んでいる家はどんな建物ですか。

▶ あなたの国の伝統的な建物にはどんなものがありますか。

　昔から"衣・食・住"と言われているように、"住"すなわち建築は人間生活の根源に関わる問題で、どんなに世の中が変わろうとも、その重要性は変わりません。

　しかし、衣や食についての情報が世の中に氾濫し、それに関心を払う人がたく
5　さんいるのに対して、住＝建築に関するちゃんとした情報がどれだけ提供されているのかとなると、心もとない気もします。さらに言えば、住に関する話も、枝葉末節の話や気分や流行に流された表面的な話が多く、建築の根幹に関わる基本的な部分がとりあげられていないように感じることもあります。

　ここでは具体的な建造物を紹介し、建築とは何なのかということについて述べ
10　たいと思います。

建築とは、知識と技術の結晶である

　建築とは、知識と技術の結晶であると言えるでしょう。まず例と
15　して挙げるのは、ギリシャのパルテノン神殿、西洋建築の出発点にして理想の傑作です（写真1）。シンプルな水平と円柱の組み合わせでできている作品ですが、実は
20　シンプルに見せるために、たいへ

写真1　パルテノン神殿

ん複雑で高度な技巧を駆使していることをご存じでしょうか。

　例えば、床のラインとアーキトレーブと呼ばれる桁のラインは、ともに中央部分が少し（約11cm）盛り上がるように造られており、微妙な曲線を描いています。完全な直線でこれだけのものを作ったら、一見、中央がへこんで見えるものなの
25　ですが、それを視覚的に補正するためこういう工夫をしているのです。また、柱には中央部を少し膨らませる有名なエンタシスという工夫が施されています。こ

の工夫によって柱が上へ真っ直ぐのびている感じを強調しています。それに、柱は僅かに内側に傾けて立て、両端の柱だけ直径で約1/50太く仕上げています。こうした工夫によって、この神殿は完璧なバランスを獲得したというわけです。

写真2　プレオプラジェンスカヤ聖堂

微妙な曲線を用いたり、少しだけ傾けるなどという工夫は、施工上も大変難しいのですが、それをあえて、しかも完璧に行った、叡智の結晶というべき作品です。

次に挙げるのはロシアのカレリア自治共和国にある教会、プレオプラジェンスカヤ聖堂という建築です（写真2）。この地方は林業が盛んで木造建築の技術水準が高い地域として有名です。このタマネギをくっ付けたような造型、複雑な曲面の屋根の瓦まで、みんな木造、木でできています。しかも、驚くべきことに、釘が一本も使われていないのです。

建築の専門家が見れば、こんな形の屋根は雨仕舞いが難しそうですが、うまく装飾的に水切り板を付けて処理しています。その上、内部に染み込んだ雨水は天井裏に作られた樋から排水される仕組みになっているという念の入れようです。

今、老朽化したので補修しようと考えているそうですが、現代の技術水準をもってしても、補修の仕方が思いつかないという、高度な技術の結晶です。

写真3　法隆寺五重塔

　しかし、考えてみれば、我が日本にも、もっと凄い建築がありました。法隆寺の五重塔です（写真3）。時代もはるかに古く、複雑な木組みで造型化されています。しかも、構造がお皿を重ねたような具合になっていて、大きな地震に見舞われた時には、地震の力を柔らかく受け流す工夫もされていると言われています。プレオプラジェンスカヤ聖堂よりもはるか以前に、雨も台風も地震も多い日本に建てられた法隆寺の五重塔、その技術は驚異です。

　建築は、非常に大きな仕事だけに、その時代の知識の最先端のもの、熟練された技術が凝縮されています。一棟の建物の中にどれだけの人々の叡智が詰まっているか、考えたら息苦しくなるほどです。

建築とは、生活の器である

　建築は、天災や人災から住む人の生命・財産を守るもので、そうしたシェルター機能が第一に要求されます。丈夫な器であることが第一の条件なのです。それに加えて、ここで言いたいのは、地域・時代・民族性などによって建築の姿、あり方も変わるということです。ともすれば、住まいの形式を何LDKというような形で理解しがちな今の日本では、このことを確認しておくことが大切です。

　まず初めに中国の福建省などに多く見られる"客家土楼"という集合住宅について見てみましょう（写真4）。この集合住宅に住んでいるのは、客家と呼ばれる人たちで、昔、北方民族が侵入してきた時、その難を逃れて南の方の山奥に住

写真4　客家土楼

写真5　客家土楼内部

み着いた人たちです。この建物は彼らの生活の器ですが、その住まい方の姿勢を
よく表しています。異民族の攻撃から逃れ、見知らぬ土地の人に囲まれて暮らす
のですから、外敵に対して厳しい防御の姿勢を示さなければなりませんでした。
この外観は、まるで戦国時代のお城です。入り口は狭く、低く、頑丈な門扉が備

5　え付けられています。外に開いた窓は、窓というより外敵攻撃用の銃眼です。こ
れでは攻めるに攻められません。しかし、この門をくぐって一歩内部に入ると、
印象は一変します（写真5）。昔の長屋の雰囲気で、ほんわかしていてアット

ホームなのです。中庭では豚や
鶏が飼われ、野菜が蓄えられて

10　いて、みんなで一つの家族とし
て助け合って生きていこうとい
うポリシーが伝わってきます。
外に対して防御、内に対して団
結・団欒という、彼らの住まい

15　方の姿勢を形にしたら、結果的
にこんな凄い形になったというわけです。

写真6　合掌造りの民家

　さて、次の例を見てみましょう。富山県五箇山や岐阜県白川郷に見られる合掌
造りの民家です（写真6）。これも単なるデザインでこのようになったわけでは

ありません。雪深いこの地域
だから雪が自然に落ちる屋根
勾配が採用され、さらに急勾
配ゆえの大きな屋根裏スペー
スを利用して、蚕を飼って生
活の糧としていました。まさ
に生活の器として、必然とも
いうべき形です。

20

25

写真7　沖縄の民家

　それに対して、沖縄の民家では、大敵である台風に備えて、屋根は低く、勾配は緩く、重い素材で葺かれました（写真7）。もし沖縄の民家が白川郷に建っていたら、一冬で雪に押しつぶされたでしょうし、白川郷の民家が沖縄に建っていたら、一夏で台風に吹き飛ばされていたでしょう。美しい形には必然性があるわけです。

出典：戸田 和孝『Argus-eye』2010年1月号

≫ 内 容 確 認 1

文章の内容と合っているものに 〇 を、合っていないものに ✕ をつけなさい。

1. （　　　） 衣食住は人間にとって重要であるため、衣食と同じように建築についても十分な情報が提供されている。

2. （　　　） パルテノン神殿は、シンプルな水平と円柱の組み合わせでできているが、随所に曲線や傾きを取り入れている。

3. （　　　） パルテノン神殿の柱の太さは一律ではない。

4. （　　　） プレオプラジェンスカヤ聖堂は、高度な技術が用いられているために、老朽化しない。

5. （　　　） 法隆寺の五重塔は災害に強い構造になっており、その技術には今でも驚かされる。

6. （　　　） 建築とは丈夫であることが第一の条件で、建築の姿、あり方は地域・時代・民族性などにかかわらず、不変である。

7. （　　　） "客家土楼" の外観と内側の雰囲気が異なっているのは、客家の人たちの歴史的背景や暮らし方が関係している。

8. （　　　） 白川郷の合掌造りの民家や沖縄の民家の屋根の形には理由がある。

≫ こ と ば

氾濫	心もとない	枝葉末節	根幹	傑作
駆使する	桁	へこむ	補正する	施す
施工	叡智の結晶	瓦	釘	染み込む
樋	念を入れる	老朽化	見舞う	驚異
凝縮する	一棟	ともすれば	くぐる	ほんわかする
ポリシー	勾配	屋根裏	糧	

>> **ことばの練習**

　　□□□ の中のことばを適当な形に変えて（　　　　　）に入れなさい。

施す	へこむ	駆使する	染み込む	枝葉末節
勾配	くぐる	ポリシー	ともすれば	心もとない
糧	見舞う	老朽化	叡智の結晶	ほんわかする

1. ポールにぶつかって車体が（　　　　　　　　　）しまった。

2. 仕事を家に持ち込まないのが私の（　　　　　　　　　）だ。

3. あの店ののれんを（　　　　　　　　）と、いつも女将_{おかみ}さんの（　　　　　）
　　　　　　　）笑顔に会える。

4. 失敗が続き、（　　　　　　　　　）自暴自棄になりそうだったが、彼女の一言に救われた。

5. 人工知能を搭載したこのロボットは人類の（　　　　　　　　　）です。

6. 最新の映像処理ソフトを（　　　　　　　　）、ウェブ配信用の動画を作成した。

7. この服は防水加工がしてあって、どんなに濡れても水が（　　　　　　　　　）こないようになっている。

8. 今回の失敗を（　　　　　　　　）にして、諦めずに次のステップに進んでいこうと思う。

9. この時代の建物には、キリスト教の影響を受けた装飾が（　　　　　　　　）。

10. このビルは（　　　　　　　　　）が進み、来月取り壊されることになっている。

11. この地方は、10年前に大きな災害に（　　　　　　　　　）が、今は復興が進み、ほぼ以前の姿に戻っている。

12. 電子マネーは確かに便利だが、現金を全く持たずに出かけるのは（　　　　　　　　）気がする。

» 表　現

A ～にして

1. オリンピックはスポーツの祭典にして国際親善の場でもある。

2. 大企業の経営者にして詩人でもあったＡ氏はその生涯に多くの詩集を残した。

3. 彼は当時、＿＿＿＿＿＿＿＿＿＿にして＿＿＿＿＿＿＿＿＿＿＿＿＿＿＿＿＿。

B ～をもってしても

1. 最先端の技術をもってしても、地震の予測は困難である。

2. 一流の鑑定士をもってしても、この絵画が贋作_{がんさく}であることは見抜けなかった。

3. ＿＿＿＿＿＿＿＿＿＿＿＿をもってしても、＿＿＿＿＿＿＿＿＿＿＿＿＿は容易ではない。

C ～に～ない

1. 体調が悪いが、今日は大切な契約があるから休むに休めない。

2. 私は合格したが、親友が不合格で落ち込んでいたので、喜ぶに喜べなかった。

3. ＿＿＿＿＿＿＿＿＿＿に＿＿＿＿＿＿＿＿雰囲気で、私は＿＿＿＿＿＿＿＿＿＿しかなかった。

D ～ゆえ

1. 貧しさゆえの悩みもあれば、金持ちゆえの悩みもある。

2. 多くの人に期待されているがゆえに、そのプレッシャーに押しつぶされることもある。

3. 新入社員の頃は、＿＿＿＿＿＿＿＿＿＿＿＿＿＿＿＿＿＿＿＿＿＿＿＿＿＿＿。

内容確認 2

次の質問に答えなさい。

1. パルテノン神殿の床や桁の中央部が盛り上がるように作られているのはなぜですか。

2. プレオプラジェンスカヤ聖堂が現在直面している課題は何ですか。

3. "客家土楼"の住まいの特徴を端的な言葉でどう表していますか。20字以内で抜き出しなさい。

4. 「沖縄の民家が白川郷に建っていたら、一冬で雪に押しつぶされたり、白川郷の民家が沖縄に建っていたら、一夏で台風に吹き飛ばされてしまう」(p.35 2行目) かもしれないのは、どうしてですか。

5. 法隆寺の五重塔が地震に強いのはなぜだと思いますか。調べてみましょう。

Chapter 2

ＡＩって何？

▶ 「AI」と聞くと、何を連想しますか。

▶ 私たちの身の回りに、どんな AI が使われていますか。

人工知能ががんの特効薬や万物の理論をつくる？

　人工知能の進化による大きなメリットは何といっても「人間の労働・仕事を助けてくれる」ことだ。人工知能を搭載したロボットの登場によって、運転や家事、介護などにおける人間の労働の負担を軽くしてくれることが期待される。

　さらに、汎用人工知能などの未来の人工知能は、人類が長年解決できていない科学の難問にも答えを出してくれると期待されている。がんやアルツハイマー病などの根本的な治療法が見つかっていない病気について、その発症メカニズムが解明され、特効薬が開発されるかもしれない。日本では 2016 年 11 月に、製薬企業などの約 50 社が連合を組み、理化学研究所などと協力して薬の候補となる化合物を探索する人工知能を開発するプロジェクトを立ち上げている。

　物理学における長年の課題である、一般相対性理論と量子論の統合が実現し、「万物の理論」が構築される可能性も指摘されている。人工知能に新しい科学知識を発見させようとする試みは、すでに始まっている。振り子の動きを見て運動の法則を導きだしたり、非常に複雑な物理学の実験方法を考えだしたりすることには成功しているので、人類がまだ発見できていない物理法則を見つけ出す日もそう遠くないかもしれない。

　また、気候変動や地域紛争など、さまざまな利害がからみあう地球規模の問題について、高性能な人工知能が解決策を提示してくれることも期待されている。

"強い人工知能" の最初の開発者が富を独占!?

　人工知能が人類にもたらすものはよい影響だけとはかぎらない。将来、急速に進化する人工知能が登場した時にそなえて、人工知能がどのような負の影響をもたらすかについて議論が行われている。汎用人工知能を研究している山川 宏 博士は、人工知能が高度に発展した際に引きおこす悲観的なシナリオとして、次の二つをあげる。

　一つは、「Instrumental convergence（道具的収斂）と呼ばれる、人工知能のある種の暴走がおきる可能性」（山川博士）だ。たとえば、クリップの生産に高度な人工知能が利用されている状況を考えよう。人工知能には、大量のクリップを効率的につくるという目的が設定されている。すると、人工知能はその目的を最大限に達成するために自分自身を守ろうとし、世界中のすべての資源を使い、人類の生存をおびやかしてでもクリップを生産しようとする可能性があるのだ。一見無害な目的設定でも、適切な制限をもうけなければ、人工知能が脅威になりうることを示している。

　もう一つは、「最初に開発された人工知能の開発者による世界中の富の "総どり"」（山川博士）だ。自分自身を猛烈な速さで進化させる人工知能が登場すると、その一番手の性能の進化に、二番手以降の人工知能がいつまでも追いつけない可能性がある。ある企業や国が開発した人工知能には、開発者の利益を優先する設定が行われている可能性があるため、結果的に一番手の人工知能の開発者だけが経済的利益をはじめとした多くの利益を独占する可能性があるのだ。

人間にしかできない仕事など存在しない!?

　人工知能が人間の仕事を手伝うことは、人間の仕事が奪われることにもつながる。将来どのような仕事が人工知能に奪われ、どのような仕事が人間に残るかについて、さまざまな意見が出ている。東京大学の中川裕志教授は「突きつめて考えると、人工知能に奪われない仕事は一つもないと思います」と話す。すでに自

動化が始まっているスーパーのレジ係などの仕事が、人工知能にとってかわられることは想像しやすいだろう。ところが、研究者などのいわゆる知的な職業であっても、人工知能のほうが有利だと中川教授は指摘する。

　新技術の登場によって仕事がなくなることは、これまでもあった（デジタルカメラの登場によって、フィルムカメラに関する仕事が減るなど）。「未来の人工知能は、計算や情報収集など、すべての仕事に共通して使われる技術が人間を上まわります。これまでも、一部の専門的な業務が新技術の登場によってなくなることはありました。しかし人工知能の場合は、人間にとってかわる範囲が非常に広いのです」と中川教授は説明する。

人工知能の暴走を人間が止めることはできない

　現在、株や為替などの金融取引には、すでに多くの人工知能（自動取引プログラム）が利用されている。その状況判断と売買の速度は1000分の1秒以下であり、人間が入りこむすきはない。これまでも複数の人工知能が同じ金融商品を一気に売ろうとしたことで、取引価格が短時間で暴落する「フラッシュ・クラッシュ」という現象が実際におきている。超高速の人工知能の“暴走”を、人間が食い止めることは不可能なのだ。

　人工知能の暴走を防げるのは、同じく人工知能だけだと言われている。人工知能に人工知能を監視させ、通常時とは大きく異なる動きをしそうな時に警告を出す技術（異常検知技術）の研究が行われている。しかし、「いざ暴走がおきた時の損害は大きいのに、関係者の利害がからみ、人工知能で人工知能を監視する技術の開発は遅れているのが現状です」（中川教授）

人工知能は人類の友人となるか？それとも……

　汎用人工知能は、「未来の状況に対して仮説を立てられる能力（仮説生成能力）」をもつことが従来の特化型の人工知能との大きな違いである、と山川博士は話

す。仮説を立てる能力とは、科学の研究でいえば、「こういう実験をすれば、こういうことがおきるだろう」と予想する能力だ。

　もし未来の人工知能が仮説生成能力を手に入れたら、人工知能が仮説を立てて、自分で実験を行い、その結果を確認するという作業を積み重ねていくことで、人の手を借りることなく、人工知能によって科学技術がどんどん発展していきそうだ。人工知能が自分自身についてその作業を行い、改良を重ねていけば、人工知能がひとりでに進化していくかもしれない。

　その場合、進化した人工知能は、１世代前の人工知能より"頭がよくなっている"はずだ。いったん人工知能の自己の改良による進化が始まると、加速度的に能力が向上していく可能性がある。

　人工知能が自分自身で猛烈な進化を続けると、人間の知能を追い抜き、ついには人類がその先の変化を見通せない段階にまで進化するという説がある。この予測不能になる状況を「シンギュラリティ（singularity）」と呼ぶことがある。シンギュラリティは「技術的特異点」と訳される。アメリカの人工知能研究者であるレイ・カーツワイル博士が 2005 年に発表した著書『シンギュラリティは近い』によって、このような考え方が世界的に知られるようになった。

　カーツワイル博士は、2029 年にはあらゆる分野で人工知能が人間の知能を上まわると予測している。そして、2045 年には驚異的な能力をもつ人工知能によって科学技術の進歩や社会の変化が猛烈に速くなり、人類が予測不能の状態に達する（シンギュラリティが来る）と予言している。

シンギュラリティの到来時期は賛否両論

　カーツワイル博士は、人工知能のテクノロジーと人間の脳が将来的に"融合"するような未来を予言している。本当にそのような未来がやってくるのかについては、研究者の間で賛否が分かれている。

　現状のディープラーニングの技術を使った人工知能がいくら高性能になろうと

も、自分自身を進化させられるような人工知能は実現しないと考えられている。つまり、シンギュラリティに到達するような人工知能ができるには、まだ存在していない技術や理論が必要であり、具体的な開発の方法や道筋が示されているわけではないのだ。そのため、あとわずか数十年でシンギュラリティがやってくるという説には、否定的な意見をもつ人工知能研究者が少なくない。

　一方で、時期はわからないが、人工知能がこのまま進化することで、あらゆる分野で人間の知能を上まわる時代がいずれやってくることについては、人工知能研究者の多くが同意しているという。また、山川博士は「カーツワイル博士は人工知能が人間の能力を上まわったあと、シンギュラリティが来るまでに16年かかる（2029年→2045年）と見積もっていますが、それに関してはもっと短期間でやってくる可能性が高いと思います。いったん自己を改良する能力をもつ人工知能ができあがると、その後の進化のスピードは驚異的だと考えられますから」と話す。

能力1
画像を正確に見分けられる

能力3
動作に関する概念を獲得する

能力5
言葉を理解する

能力2
複数の感覚データを使って
特徴をつかむ

能力4
行動を通じた抽象的な概念を
獲得する

能力6
知識や常識を獲得する

人間に近づく人工知能

出典：『Newton 別冊 ゼロからわかる人工知能』2018年5月発行
（出典元の文章を改変している部分があります。また出典元にあっても
掲載していないイラストがあります。）

》 内 容 確 認

特化型人工知能（従来の人工知能）

- 限定された領域に特化して自動的に学習や処理を行う人工知能

- 画像認識、音声認識、自然言語処理などができる

汎用人工知能（未来の人工知能）

- 特定の課題だけではなく人間のように様々な課題を処理できる人工知能

- ① ＿＿＿＿＿＿＿＿＿＿＿＿＿＿＿＿＿＿＿＿＿＿＿＿ 能力を持つ

---

1. 汎用人工知能（未来の人工知能）についてまとめなさい。

ポジティブな可能性	ネガティブな可能性
①	①
②	②
③	③

2. 人工知能の暴走を阻止するのが難しい理由は何ですか。

　　人工知能の動きは① ＿＿＿＿＿＿＿＿＿＿＿＿＿＿＿＿ ため、人工知能の暴走を

阻止できるのは② ＿＿＿＿＿＿＿＿＿＿＿＿ だが、関係者の③ ＿＿＿＿＿

＿＿＿＿＿＿＿＿＿＿＿＿、人工知能を監視する技術の開発が遅れているから。

2
章

3. シンギュラリティ (singularity) とは何ですか。

　　　　　　　　　　　　　　　　　　　　　　　　　　　　　　状況

4. カーツワイル博士の予測についてまとめなさい。

　　• ①
　　• ②
　　• 人工知能のテクノロジーと人間の脳が③

5. カーツワイル博士の予測に対する人工知能研究者たちの意見をまとめなさい。

　　a) 多くの研究者が賛同していること

　　b) 多くの研究者が否定的に考えていること

6. AI と人間との関係について、あなたはどう考えますか。

ストーリー作成

AIと生きる未来を考えよう

　近年、さまざまな分野でAIの活用が急速に広まっています。今後、私たちの生活はAIなくしては成り立たなくなっていくかもしれません。

1．最先端のAIを調べましょう。

2．将来、どのようなAIが開発されたらいいと思いますか。

3．どのようなAIが開発されたら怖いと思いますか。またどのようなAIに違和感や嫌悪感を感じますか。

4．あなたが考えるAIのある未来社会をショートストーリー風に書いてみましょう。

3章

章

農・水産学の扉

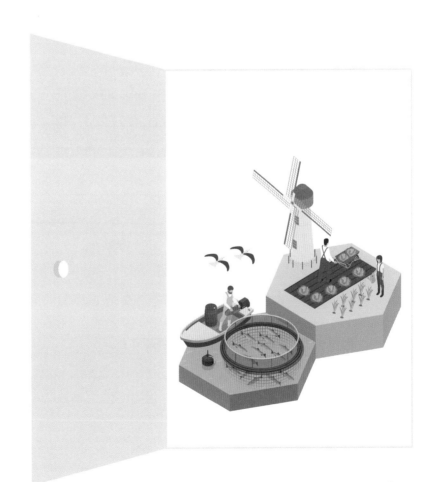

Chapter 1

農業人として生きる

▶ 「農業」にどんなイメージを持っていますか。

▶ あなたの国で主要な農作物は何ですか。

　下のグラフは 1951 年から 2019 年までの日本の産業別就業者数の推移を表しています。どんなことがわかりますか。

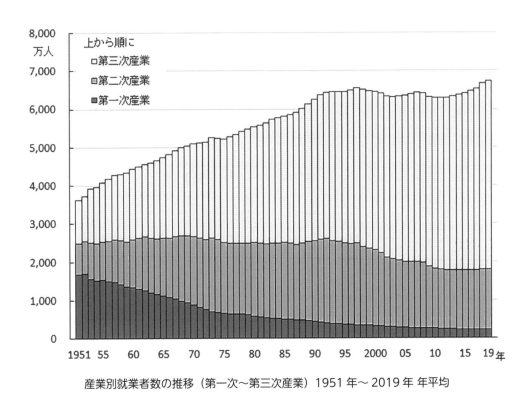

産業別就業者数の推移（第一次～第三次産業）1951 年～ 2019 年 年平均

総務省「労働力調査」を基に労働政策研究・研修機構（JILPT）が作成
https://www.jil.go.jp/kokunai/statistics/timeseries/html/g0204.html

　　ミュージシャン志望から一転。タイでの農
業支援活動を経て、アルバイトから28歳で
本格就農へ。
――室住圭一

5

　　就農前に農業をやっていた。――千葉県東
金市の農家・室住圭一さんの農業史を振り返ると、そういうことになる。東金に
は身一つでやって来た。にもかかわらず、いまは3町（約298a）の水田と1町
5反（約149a）の畑で米と野菜を作っている。「新規就農が難しい稲作で、こ

10　れだけの面積をやっている人は他に知らない」と、栽培仲間の志野佑介さんが感
嘆する。本人も「特殊な例かもしれない」と苦笑い。農家としての今日の姿は、
単に幸運な偶然が重なっただけか。これから就農を志す人の見本にはならないの
だろうか。いや、むしろ教科書どおりではない室住さんの就農にこそ、農業を新
たに始め、その土地で生活していくために大事なことを知る手がかりがあるよう

15　に思える。

　　高校卒業後、ミュージシャンを目指して入学した専門学校は1年で退学した。
アルバイトでそれなりの稼ぎはあったが、フリーター生活を一生続けるわけには
いかないという不安もあった。そんなときに目にした一本のテレビ番組が、室住
さんを農業に向かわせる。それは、国際協力活動に打ち込む若者を紹介したドキュ

20　メンタリー。「自分も参加したい」と引き込まれた。だが、国際協力しようにも、
協力できる知識も技術もない。「何ができるだろうと考えて、思いついたのが農
業だった」。

　　しかし、それまでの人生は農業とは無縁。まずは自分が農業技術を身につけな
ければならない。本を読み、NGOを訪ねて話を聞いたなかで参加したのが、島

25　根県弥栄村（現・浜田市）での農業研修だった。東京近郊でも農業を学べるが、「島
根まで行けば、逃げ出すことはなかろう」と、考えた。片道分の交通費だけを用

意し、夜行バスなどを乗り継いでの現地入りとなった。このとき 21 歳。その後、18 ヵ月間を村人とともに過ごし、有機栽培技術を身につけ、村の老人たちと酒を酌み交わし、話に耳を傾けた。ただ、この段階で就農は考えていない。農業はあくまでも、国際協力活動に参加するための手段。実際、弥栄村から帰京した半年後、念願だった国際協力活動のためタイ北部のチェンライに向かう。

　23 歳で参加した国際協力活動の目的は、派遣先での農業支援にあった。ところが、チェンライは山岳地帯。畑は山の斜面に張り付いている。日本で学んだ農業とは勝手が違う。「支援などとんでもない。1 週間で諦め、自分にとっての海外農業研修と考えた」。朝、村人とともに畑に出て、日が暮れるまで働く。夜はここでも村人と語り合った。訪れたときは通訳を介していた会話も、いつしか一人でこなせるようになっていた。1 年後に帰国。次はどこの国へ行こうと考えていたときに、「時間があるなら遊びにおいで」と声をかけてくれたのが、タイで知り合った東金の農家だった。

　誘われるままに東金に通い、田植えや稲刈りを手伝った。顔見知りが増えると、手伝う田んぼや畑の面積も広がってくる。すると、「こっちに住めばいい」と空き家を紹介された。築 50 年、7 DK の庭付き一戸建てで家賃が 3 万 5000 円。断る理由もなく、室住さんは東金に移住した。しかし就農のためではない。農家でのアルバイトで、渡航費用を稼ぐため。3 年後、「空いている田んぼがあるから、自分で作ってみれば」と促された。

　他人の田畑を手伝うのではなく、手伝ってもらう立場での稲作。そして、収穫。取れた米の出来は周囲にも好評で、何より自分がうまいと感じた。「(仕事としての) 農業もいいかも」と初めて考えた。

　農業の魅力は？という問いに 2 秒ほど考え、「『ひと』、かな」と答えが返ってきた。確かに、就農への変遷を振り返ると、そこにあるのは知識や技術ではなく、人とのつながりだ。2009 年 1 月、その思いに形を与えるように、就農後に結婚した妻の環さん、前出の志野さんと有機栽培作物の直売グループ「あいよ農場」

を作った。「あいよ」とは、他人からの依頼や誘いに快く応じるときの方言だ。きっと「あいよ」と返事をして、ここまで来たのだろう。

5

> 室住さんの就業までの変遷
>
> 1996年（21歳）島根県弥栄村で農業研修
> 1998年（23歳）タイ・チェンライへ農業支援に
> 1999年（24歳）千葉県東金市に移住、就農へ
> 2008年（33歳）東金市に農地を購入
> 2009年（34歳）「あいよ農場」結成

10 　室住さんに聞いてみた。

島根県での農業研修で学んだことは？

　島根県弥栄村では、農業技術とともに、生き方そのものを教えられました。分かりやすい例は、食生活。それまでは「食べる」ということを特に意識したことがなく、肉でも何でも食べたいときに食べていましたが、弥栄村では主食は玄米。

15 村で取れた野菜を中心に、あとは魚。肉はほとんど食べなくなりました。

　そこでは、お年寄りも農業という仕事を持っているから、生き生きとしている。生きていくために何が大事かを知った気がしました。一日の仕事が終わると一緒に酒を飲んだりするのですが、東京では聞いたことのない話ばかり。ありきたりな言い方だけど、人間の深さに触れたように思います。

20

タイでの農業支援で学んだことは？

　ぼくが行ったタイ北部のチェンライは山岳地帯。そこでラフ族という少数民族と暮らしながら、1年間農業をやりました。本来の目的は農業支援、技術指導でしたが、現地は傾斜地を耕した狭い畑ばかり。機械は入れられないし、そもそも

25 機械がない。1週間働いてみて、これは支援も指導もできないと諦め、自分の海外農業研修だと頭を切り替えました。

そこで学んだことも、生き方です。村人は経済的には貧しいのですが、あくせくしていないし、小さなことにこだわらない。一所懸命に生活をしながら、何に対しても力んでいないというか、受け入れている。こんな生活、こんな幸せがあるのかと初めは驚きました。1年いて、自分もだんだんその考え方に染まったと思います。帰国してからも毎年のように訪ねていました。最近は仕事が忙しくなり、会いに行けないのが残念です。

新規就農するために大切なことは？

ここで新規就農したけれど、挫折した人もいます。もちろん、長続きしている人も。自分も含め、そうした人たちを見てきて思うのは、野菜や米が上手に作れるからといって、長続きするわけではないということ。また、よく働くということも、成功の条件ではないと思います。大事なことは、生産に対する姿勢でしょうか。言葉にするのは難しいのですが、就農した地域の特色や、そこでの人間関係など、自分が置かれている状況を正しく理解し、自分がやるべきことをやり、言うべきことを言うことです。

体力はもちろん必要ですが、求められるのは夏の暑さや冬の寒さにへこたれない持久力。農業は短距離走ではなく、マラソンですから。

もし、いま新規就農したいという相談を受けたら、「やめたほうがいいよ」と答えるかもしれません。そう言っておきながら、それでもやりたいという人に期待します。東金を有機農業の郷にしたいので、本当にやる気のある人には仲間に加わってほしいと思います。

出典：出山 健示（文）・水谷 充（写真）「農業 水田稲作・畑作 室住圭一」『自然職のススメ』
注）2019年3月に「あいよ農場」は休止したが、同年4月より「みろく農場」として活動を継続している。

》 内容確認 1

文章の内容と合っているものに ○ を、合っていないものに ✕ をつけなさい。

1. (　　　) 室住さんは千葉県東金市出身である。

2. (　　　) 新規就農者の中で、室住さんほどの規模で農業をやっている人は
珍しい。

3. (　　　) 室住さんはタイ北部のチェンライへ農業研修のために行った。

4. (　　　) 室住さんは東金市に移住したとき、また外国へ行こうと考えていた。

5. (　　　) 室住さんは農業の一番の魅力はおいしい農作物だと思っている。

6. (　　　) 東金市で新規就農した人は、農業知識や技術がある人ほど成功し
ている。

》 こ と ば

経る	感嘆する	志す	手がかり	それなり
フリーター	打ち込む	ドキュメンタリー	無縁	酌み交わす
勝手が違う	介する	いつしか	変遷	快い
ありきたり	そもそも	あくせく	力む	染まる
挫折する	へこたれる			

≫ ことばの練習

☐ の中のことばを適当な形に変えて（　　　　　）に入れなさい。

経 る	染まる	手がかり	ありきたり	感嘆する
志 す	そもそも	いつしか	へこたれる	打ち込む
力 む	快 い	それなり	勝手が違う	あくせく

1. 現場には犯人につながる（　　　　　　　　　）は何も残されていなかった。

2. 高校時代は、インターハイを目指して部活動に（　　　　　　　　　）。

3. わずか5歳の子役のすばらしい演技には（　　　　　　　　　）しかなかった。

4. 人は色々な経験や失敗を（　　　　　　　　）成長していくものだから、一度や二度の失敗で（　　　　　　　　　）いけない。

5. 友達のうちの台所で料理を作ったら、（　　　　　　　　）いつもより時間がかかってしまった。

6. 都会での（　　　　　　　　）した生活が嫌になり、田舎に移住することにした。

7. 姉は医学の道を（　　　　　　　　　）、会社を辞めて医学部受験に挑んでいる。

8. コンクールに応募するのは初めてだったが、（　　　　　　　　）の評価が得られて、うれしかった。

9. はじめは利益優先の社風になじめなかったが、いつの間にか会社の色に（　　　　　　　　　）、利益を上げろと部下に発破をかけるようになった。

10. その歌は、はじめは一部のファンしか知らなかったが、（　　　　　　　　）日本中の人が知る歌となった。

11. 面接では、（　　　　　　　　）自然体で話したいと思いつつ、緊張して思うように話せなかった。

12. 家の事情で急にアルバイトの交替をお願いしたのだが、バイト先の友達が（　　　　　　　　）引き受けてくれて、本当に助かった。

>> **表　現**

A　〜だろうか。（いや、）むしろ〜

1. 私の国の生活は豊かになっているのだろうか。いや、むしろ経済格差が広がり、貧しい人が増えているように思える。

2. このまま海外進出を続けてもいいのだろうか。むしろ撤退する勇気も必要なのではないだろうか。

3. 彼はリーダーとしてふさわしいのだろうか。
   いや、むしろ＿＿＿＿＿＿＿＿＿＿＿＿＿＿＿＿＿＿＿＿＿＿＿＿＿。

B　〜が〜せる

1. 先生のなにげない一言が私をやる気にさせた。

2. 周囲からの無言の圧力が、彼女にその役職を引き受けさせた。

3. ＿＿＿＿＿＿＿＿＿＿＿＿が彼を＿＿＿＿＿＿＿＿＿＿＿に向かわせた。

C　あくまでも

1. 難しいとわかっているが、彼女はあくまでも裁判官を目指すつもりのようだ。

2. これはあくまでも個人的な意見なんですが、短期でもいいから一度は留学を経験したほうがいいと思います。

3. ＿＿＿＿＿＿＿＿＿＿＿＿＿は、あくまでも＿＿＿＿＿＿＿＿＿＿＿＿。

D　〜ままに〜

1. セールスマンに言われるままに契約書にサインをしてしまった。

2. 会社に命令されるままに働いていると、いつか体を壊してしまう。

3. 店員に＿＿＿＿＿＿＿＿＿＿ままに＿＿＿＿＿＿＿＿＿＿＿＿＿＿。

≫ 内容確認 2

次の質問に答えなさい。

1. 室住さんはなぜ農業技術を身につけようと思ったのですか。

2. 有機栽培作物の直売グループに「あいよ」と名付けたのはどうしてだと思いますか。あなたの考えを書きなさい。

3. 島根県での農業研修とタイでの農業支援の経験を通して、室住さんが学んだことはなんですか。

4. 室住さんは新規就農するには、どんなことが大切だと考えていますか。

5. あなたの国の第一次産業には、現在どんな問題がありますか。

Chapter 2

昆虫食のススメ

▶ 料理を作ったりメニューを選んだりするとき、何を重視しますか。

▶ あなたの国では昆虫を使った料理がありますか。

迫りくる人口爆発の時代、見直される昆虫食

　世界の人口は右肩上がりに増加し、2050年には97億人を超えるといわれている。

　人口が増えれば、必要な食糧も増える。そうしたなか昆虫は、一般にタンパク質を豊富に含む食材だ。現実にタンパク源のひとつになっている食肉とともに見ていこう。

　FAO（国連食糧農業機関）の報告書によれば、2050年には食肉の消費量は開発途上国において50%増、世界全体でも30%近く増加すると見込まれている。これは、今後豊かになっていく開発途上国の生活が欧米化し、食肉の消費量が増えることも計算に入れての数字だ。それならば、食肉の供給源として家畜飼育を増やせばいいかというと、そう簡単にはいかない。食肉の生産には大きなコストがかかる。まず、飼料となる大量の穀物を生産するための農地を確保しなければならない。のちに詳しく述べるが、たとえば、豚肉1kgを生産するのに必要な穀物は5kg、牛肉では10kgかかる。農地を維持するためには肥料や農薬を投入する必要もあるし、輸送コストもかかる。

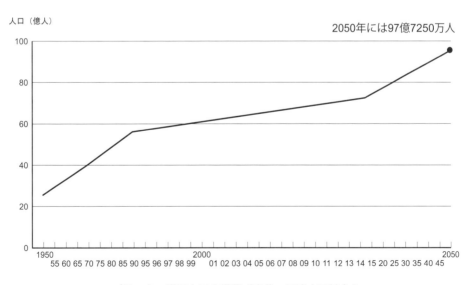

グラフ1　世界人口の推移 ［出典：国連人口基金］

　さらに、経済的コストだけでなく、環境への負荷という意味合いも大きい。

　牛のげっぷや排泄物から発生するメタンガスや一酸化炭素といった温室効果ガスの量は深刻で、全世界の温室効果ガス排出量の18%を占める。

　おいしい肉を生産してくれる農家の方には頭が下がるが、食肉生産は大変な環境負荷のかかるものである。よって、このまま増加していく人類の胃袋を満たし続けるために、従来の畜産のやり方に頼り続けるのは得策ではない。

　この問題は、世界の人口増加とは正反対に少子化が進む日本や先進国にとっても「対岸の火事」ではない。先進国の高負荷な食生活は開発途上国の食生活を圧迫することにつながり、それにともなう貧困の拡大はさまざまな国際問題を引き起こすことになる。

　2013年、世界が昆虫食に注目するきっかけとなる出来事が起こった。FAOが昆虫食に関する報告書「食用昆虫—食料および飼料の安全保障に向けた将来の展望—」（以下、本書では「FAO報告書」と表記）を発表したのだ。

　報告書の冒頭の文を訳すと、以下のようになる。

　「食料や飼料として昆虫が注目を浴びているのは、動物性タンパク質のコストの上昇、食料および飼料供給の不安、環境問題、人口の増加と中間所得層のタンパク質需要の増加といった21世紀の問題と特に関係します。このような問題から、従来の家畜や飼料の代替を見つけることが必要です。昆虫を消費する、すなわち『昆虫食』が地球環境と健康、そして生活に対して有益に貢献するのです」

　国際機関が、昆虫を「食材として捉えた」ことに加え、地球環境に低負荷な食料および飼料であることも明示したのである。FAOの報告書は、これまで注目されてこなかった昆虫食に関する知見に焦点を当てている。昆虫の価値を現代で捉え直した、エポックメイキングな出来事となったのだ。

手乗り家畜である昆虫の優位性

　家畜として求められるものとして、次の3つが挙げられる。①飼育・管理のし

やさ（移動・運動性が低い、穏やかな気性、運搬しやすい、病気にかかりにくい、排泄物の量やにおいが少ないなど）、②繁殖力、③コストパフォーマンス、である。

　昆虫の多くは、従来の家畜と比べて①、②ともに優れた面をもつといえる。ここでは、③のコストパフォーマンスについて考えてみたい。近年の研究で温室効果ガス量および飼料変換効率（餌からどれくらい効率よく体を大きくできるかを示す指標）についての報告が出そろってきたので、こちらを詳しく見てみよう。

　5種の昆虫について、体重1kg増加あたりの温室効果ガス排出量を計測したデータがある。選ばれた5種はミールワーム、ヨーロッパイエコオロギ、トノサマバッタ、アルゼンチンモリゴキブリ、メンガタハナムグリ。いずれも繁殖力が高く飼育が楽で、手乗り家畜の候補とされる昆虫だ。

　豚・牛とこの5種の昆虫が体重を1kg増やす際に排出される温室効果ガスの量を比較したのがグラフ2である。このように、メンガタハナムグリを除く4種の昆虫が豚・牛より低いことが確認できた。

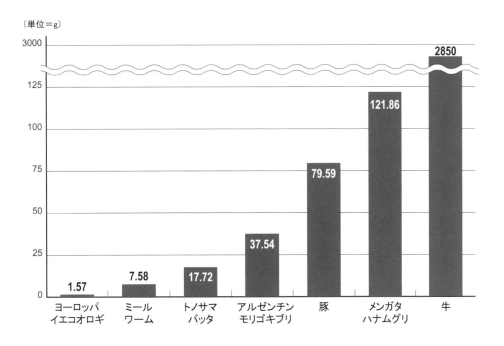

グラフ2　体重1kg増加あたりの温室効果ガス排出量（CO_2換算）
※ Oonincx ら（2010）をもとに監修者が作成。

　温室効果ガス排出量が少ない原因のひとつに、昆虫のライフサイクルの短さが挙げられる。牛や豚は出生からそれぞれ約30カ月、6カ月後に出荷されるのに対し、昆虫は一般に発生からおよそ1〜2カ月程度で成体になる。

　たとえば、先述の4種の昆虫（ミールワーム、ヨーロッパイエコオロギ、トノサマバッタ、アルゼンチンモリゴキブリ）は、体重増加あたりの温室効果ガスの排出量が牛や豚より少ないうえに急速に成長するため、出荷時の総重量1kgあたりの温室効果ガスの排出量は牛や豚よりも低く見積もることができる。さらに、実際に食べられる部位（可食部）のみを考える際には、昆虫はほぼ丸ごと食べられるため、さらに家畜との差は開くことになる。

　また、昆虫は飼料にかかる餌の量が非常に少なくて済む。具体的に見ていこう。

　前述のとおり、家畜を1kg増やすために必要な飼料の量を飼料変換効率と呼ぶが、この値が小さいほど、少ない量の餌で効率よく体を大きくできる家畜といえる。

　グラフ3から、試しにコオロギと家畜を比較してみると、コオロギは体重1kgに対して餌は約2kg、豚は5kg、牛は10kg必要だ。ほかの昆虫についても、

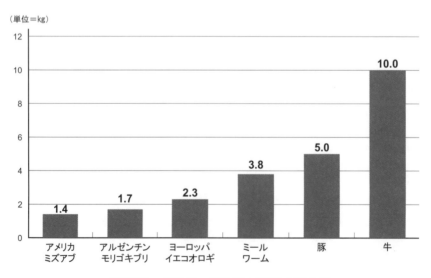

グラフ3　体重1kgの増加に必要な飼料の量
※ Oonincxら（2015）、Huis（2013）などをもとに監修者が作成。

牛や豚より餌の重さは低い値となっている。

　コオロギだけでなく、ほかの手乗り家畜候補の飼料変換効率を比べてみよう。グラフ3を見るとミールワームは比較的高い値となっているが、アルゼンチンモリゴキブリ、アメリカミズアブに関してはヨーロッパイエコオロギよりも低い値となっている。アルゼンチンモリゴキブリの大規模養殖はなされていないようだが、アメリカミズアブに関しては家畜の飼料として大規模な養殖が進められている。

　この飼料変換効率を、可食部の割合も含めて考えると、さらに昆虫の優秀さが際立つ。従来の家畜を食べる場合、多くの場合は筋肉が可食部だ。この基準で考えれば、コオロギの可食部はそのまま調理して食べる場合が多いので100％となる。ただし、トゲが気になる後脚を取り除くこともあり、可食部は少なく見積もれば全体重の80％ほどになる。

　一方、牛や豚の可食部は40 〜 55％。こうして見ると従来の家畜は、廃棄部分（骨・皮・血液）と恒温動物としての体温維持コストが大きいことがわかる。

飼料としての昆虫利用

　2014年、世界銀行とFAO、IFPRI（国際食糧政策研究所）らが作成した報告書「2030年までの漁業と養殖業の見通し」では、養殖による生産量は順調に伸び続け、2030年には世界の食用魚の62％が養殖で生産されると予測している。

　こうした予測が立てられている一方で、養殖コストにかかる大きな問題は、飼料のコストだ。配合飼料の主原料となる魚粉（イワシなどの天然魚の粉末）の価格は、世界的な需要の増加などにより高騰を続けている。魚粉価格の高騰は、輸入に頼る養殖漁家の経営を圧迫するため、政府は毎年、補助金を出し続けているのが現状だ。

　そこで、魚粉の代替飼料として期待されているのが、昆虫である。昆虫は環境に対して低負荷に、かつ、低コストに養殖することが期待できる。

　そもそも、魚粉の材料となるイワシなどの魚の成長には、動物性タンパク質が必要であり、飼料を生産するためにこれを養殖することはコスト面で合わない。天然魚由来の魚粉を使った魚の養殖は、いうなれば、海という巨大な養殖装置に依存した持続性の低い食料生産システムなのだ。そして、この魚粉依存からの脱却が、不安定な漁業経営を安定化させるほか、海産資源の枯渇を防ぐことにつながる。

出典：水野　壮 監修『昆虫を食べる！昆虫食の科学と実践』

日本の昆虫食

　日本でも古くは多くの昆虫が食べられていました。特に海のない地域では昆虫は貴重なタンパク源であり、現在でも食文化として根づいているものもあります。食用とされる虫にはイナゴ、ハチ、カイコガ、ザザムシなどがあります。イナゴはイネを食べる害虫ですが、採集して佃煮などに調理され全国的に食べられていました。クロスズメバチの幼虫やさなぎはハチノコと呼ばれ、佃煮や塩煎り、またご飯に混ぜたハチノコご飯もあります。カイコガは絹を作るために以前は日本全国で養殖されていましたが、そのさなぎはおかずとして食べられていました。ザザムシはトビケラなど川に棲む虫の総称で、佃煮や揚げ物にして食卓に上ります。長野県天竜川のものが有名で、ここでの漁は許可制で採集時期を限定して行われています。

　日本では嗜好品としての側面の強い昆虫食ですが、これからの地球を救う食品として見直されつつあります。

| イナゴ | ハチノコ | カイコガのさなぎ | ザザムシ |

≫ 内 容 確 認

1. 食肉の生産量を簡単に増やせない理由を次の言葉を用いて説明しなさい。

経済的コストが ①——————————————————————

- 飼料となる穀物を生産するために② ————————————————————————

- 農地を維持するために③ ————————————————————————

- ④ ———————————————— コストがかかる

環境負荷が ⑤ ————————————————————

- 牛のげっぷや排泄物から発生する⑥ ———————————————— の量が深刻

2. この文章における「エポックメイキングな出来事」（p.64 23行目）とは何
ですか。

3. 家畜としての昆虫の優位性をまとめなさい。

① 飼育・管理のしやすさ

② 繁殖力　　　　　　　　　　従来の家畜より① ————————————————————

③ コストパフォーマンス

- 温室効果ガス排出量が② ————————————————————————

［原 因］(1)③ ————————————————————————

(2) 可食部が④ ————————————————————————

- 飼料変換効率の値が⑤ ————————————————————————

可食部の割合を考慮すると、さらに⑥ ————————————————————————

4. 食用魚の養殖生産にはどのような問題点があるか、またその解決案について
　まとめなさい。

　　　・食用魚の養殖生産量が増加する
　　　　　　　　　　↓
　　　・魚粉価格（配合飼料の主原料）が① ----------------------------------
　　　　　　　　　　↓
　　　・養殖漁家の経営が② --

　　　［解決案］③ --

5. あなたは昆虫食の可能性についてどう思いますか。利点・問題点の両面から
　考えなさい。

6. 従来の食料やその生産方法に代わるものとして、現在どのようなもの／方法
　がありますか。また、今後どのようなもの／方法が考えられると思いますか。

Chapter 3

プレゼンテーション

私たちの SDGs

　SDGs（Sustainable Development Goals ／ 持続可能な開発目標）とは、2015 年の国連サミットで採択され、2030 年までに持続的でよりよい社会の実現を目指した世界共通の目標です。「誰一人取り残さない（leave no one behind）」ことを誓い、17 のゴールと 169 のターゲットから構成されています。

　SDGs について調べて発表しましょう。

＼ 発表の前に ／

1．調べる

　　・SDGs とは？

　　・自分の国／興味のある分野についての現状と取り組みは？

　　　- 国、自治体、企業、団体、個人、どのレベルでもよい

　　　- 1 つの目標についてでも複数の目標についてでもよい

2．考える

　　・調べたことについての自分の意見・感想・提案

＼　発表する　／

1．スライドを作る

【スライドの構成】

```
〔 表　紙 〕
・発表タイトル
・所属、名前
・日付
```
↓
```
〔 発表の流れ 〕
・発表内容の項目と
　順番
```
↓
```
〔 本　文 〕
```
↓
```
〔 参考資料 〕
・参考資料や図書
・参考にした HP と
　URL
```
↓
```
〔 終　了 〕
```

【スライド作成のポイント】

● 文字
- 長い文章を書かず、キーワードを中心に簡潔に
  まとめる（箇条書きにする）
- 読みやすいフォントを選ぶ
- 読みやすい文字のサイズにする

● デザイン / レイアウト
- 発表内容に合った統一感のあるデザインにする
- 1 枚のスライドに情報を詰め込みすぎない

● 色
- たくさん色を使わない
  （メインカラーと強調色を中心に）

● 内容
- 写真、グラフ、図などを効果的に使う

● アニメーション
- 使いすぎない

▷ 発表前にスライドを使って練習しておきましょう。

2．発表する ※できた項目に ☑ をしましょう。

- □ 伝えたいことが伝わる構成だった。
- □ 調べたことだけではなく、自分の意見や考えが述べられた。
- □ 発表にふさわしい表現、言葉遣いで話せた。
- □ 聞きやすい声の大きさ、スピード、正しい発音で話せた。
- □ 原稿ばかり見ないで、聞き手のほうを向いて話せた。
- □ 長すぎず短すぎず、発表時間を守れた。

◆ 他の人の発表を聞いて、考えたことを話し合いましょう。

4章

生活科学の扉

Chapter 1

もったいない

▶ あなたが「もったいない」と思うのはどんな時ですか。

▶ 大量に捨てられているものにはどんなものがありますか。

4章

まんが　斉藤恵

出典：『News がわかる なくせ！食品ロス』2018 年 11 月号

日本では年間570万トン（2019年度農林水産省及び環境省推計値）のまだ食べられる食品が捨てられており、国民1人あたりが毎日お茶碗1杯分の食品を捨てている計算になります。食品が大量に廃棄される問題は「食品ロス」と呼ばれ、世界で大きな問題になっています。

恵方巻きもクリスマスケーキも、1日過ぎればゴミ

フードバンクで働いていた時、気づいたことがあります。フードバンクでは、「季節が遅れてやってくる」のです。

お正月があけると、何万円もするおせち料理の売れ残り（冷凍）が寄付されてきます。鏡餅や切り餅なども寄付されてきました。おそらく、お正月に備えてたくさん製造されたものの、販売し切れず在庫が余りそうになったためでしょう。

企業名は言えませんが、「おせちが予想した数量分、売れなくて困っている。大幅に値引きするので誰か買ってください」という呼びかけを個人的に受けたこともありました。

フードバンクでは、2月以降も、「季節が遅れてやってくる」の繰り返しです。豆まき、バレンタインデー、3月はホワイトデー、夏はお中元（これは保管され、年末の大掃除の時期に個人から寄付されることが多い）、10月はハロウィン、12月はクリスマスケーキ。

私もかつては食品を作る会社にいましたから、販売側としては、催事や行事は、販売促進の一環としてやらなければいけないということは理解できます。在庫ゼロになるよう売り切ること、需要予測通りになることなど、ほぼあり得ません。

ですが、大量に売れ残りが出るのは、たんに需要予測が難しいからではありません。食品メーカーは、指定された商品の数を納品できず「欠品」すると、「販売チャンスを失わせた」ということで、小売店に対して罰金を払わなければなりません。そして、季節もの商品には、行事の日を1日過ぎれば即ゴミ、もしくは、もう通常の値段では売れないという事情もあります。これらのことが、季節もの商品の

大量の食品ロスを生んでいるのです。

　2016年の2月3日には、大量に売れ残った恵方巻きを廃棄した、または、買い取りを強制されたというSNSでの投稿が相次ぎました。ちょうどこの日は、フランスで、世界初の食品廃棄禁止法が制定さ

出典：Ridilover Journal

れた日でもあり、日本の恵方巻きの売れ残り風景は、これまで以上に、倫理観の問題として話題になりました。

　2016年7月の土用の丑の日には、あるスーパーで、1980円で売られていた愛知県産うなぎのうな重が、50円引きの割引シールを貼られたまま大量に残っている様子が、写真入りでSNSに投稿されていました。ニホンウナギは絶滅危惧種です。うな重の売れ残りを批判する投稿では、「危機感なし」と書かれていました。全国紙各紙が「土用の丑の日」をどう報じたか、うなぎが絶滅危惧種であることに言及しているか否か、比較しているまとめサイトもありました。

　土用の丑の日にしろ節分にしろ、特定の日に特定の食べ物を食べることを煽る風潮は、そろそろ終わりにしたほうがよいと思います。需要予測が困難な中、欠品を無理やり防ごうとすれば、売れ残りが出てロスが生じるのは必至だからです。日持ちのする食品ならまだしも、消費期限のある食品だと、売れ残りは廃棄かリサイクルしかしようがありません。どちらの手段を選ぶにしても、コストとエネルギーのさらなる無駄を生み出します。

　本来、行事や催事は楽しいものです。でも、余剰食品を扱う現場で働いている人たちは、むなしさを感じています。

　たとえばバレンタインデーのチョコレートは、包装紙を変えれば、2月15日

からまた普通に販売できるような仕様にする、うな重やクリスマスケーキは予約
販売制にするなど、少しでも無駄になる分を減らす工夫はできないのでしょうか。

出典：井出 留美『賞味期限のウソ　食品ロスはなぜ生まれるのか』

5

　　食品と並んでアパレルの大量廃棄も深刻な問題です。日本では 1 年間に約 10
億点もの新品の服が、一度も客の手に渡ることなく捨てられているとも言われて
います。

10

それでも洋服は捨てられ続ける

　　まず向かったのが、羽田空港のすぐ北側にある埋め立て地、「京浜島」の周辺
一帯だ。機械部品工場や金属加工工場などが立ち並ぶ中に、首都圏で収集された
家庭ごみや産業廃棄物の処理工場や関連業者が集まっている。

15　　ネットで調べながら歩き回っていた時、廃棄物を運搬する業者の事務所を見つ
けた。敷地にはごみ収集をするパッカー車が数台停まっていた。戸口で声を掛け
ると、事務所にいた男性が応対してくれた。

「海外の有名ブランドから、売れ残った服やカバンの処理を依頼されたことがあ
りますよ」

20　　男性は記憶をたどってくれた。

「値段が高い商品ばかりで、上下で 15 万円もするジャージもあった。収集車 3
台分。すべて焼却処分するよう言われました」

　　やはり売れ残った服は廃棄されているんだ。でも安い値段であってもセールで
売り切ればいくぶんかは製造コストを回収できるはずなのに、なぜ廃棄するのだ
25　ろうか？　私の疑問に男性は答えてくれた。

「高級ブランドだからですよ。その店は、通常のセールやファミリーセール（得

意先や社員、その家族向けに行うクローズドのセール）もやらないらしい。安売りすれば、ブランド価値が傷つくからです。だから処分費用がかかっても、すべての商品を破砕して焼却し、横流しなどされないようにしてしまう」

　男性は続けて言った。

5　「廃棄処分の証拠写真も、１点１点すべての商品について撮って提出するように言われましたよ」

　作業が完了した後、ブランドの担当者から「本国に処分写真を送ったら、さすが日本はきっちりしていると評価されました」と感謝されたという。かつて「もったいない」という言葉を世界に広めた日本がいまや、徹底した廃棄による管理能力の高さを評価されているとは。皮肉だなと思った。

　後日、アパレル企業などの数々の経営コンサルを手がけてきた「百年コンサルティング」社長の鈴木貴博さんに、企業が「在庫を廃棄する理由」を聞いた。

　「在庫の廃棄はアパレルだけでなく食品や家電といったメーカーにおいて、ビジネスの重要なテーマなのです。ただ特にアパレルでは、『商品を陳腐化する』というセオリーがビジネスモデルの中心に据えられてきました。つまり、いかにして前のシーズンの商品の価値を下げて新しい商品を売っていくか、ということです。たとえば業界として今年の流行色を打ち出すのも、その一環です。去年の色の服は現在はもはや価値を失ったということを、消費者に示すのです」

　過去の商品はこのように次々と陳腐化させて市場からできるだけ取り除き、客を最新の商品へ誘導するのだ。こうしたビジネスモデルを徹底するために、アパレル業界は売れ残り在庫を廃棄してきたのだという。

　「万が一在庫が安く出回ってしまうと、値崩れやブランド価値の毀損につながる。そのリスクを防ぐためにも、廃棄は効果的です。さらに在庫として抱え続けることは、経理的にも税金の負担が増えて都合が悪いのです」

25　鈴木さんによると、商品在庫は売れると売り上げを計上できるのに加えて、「製造原価」の費用も計上でき、節税ができる。だが在庫が売れないままだと

「棚卸資産」として計上され、その状態では「費用」が発生しない。そのため
節税ができず、金融機関への借り入れの金利もかかり続けるのだという。在庫を
廃棄すれば、その処理費などを費用に計上でき、節税につながるのだ。

　「要するにいろんな理由で、在庫は廃棄することが企業にとって最も得策なので
5　す。特に高級ブランドのアパレル商品は製造原価の割合が低い。だから廃棄のロ
スは大したことはありません」

　鈴木さんはこう教えてくれた後、言った。

　「ただ廃棄の現場を押さえるのは難しいでしょうね。守秘義務がありますから」

出典：仲村 和代・藤田 さつき『大量廃棄社会』

リサイクル都市「江戸」

　江戸時代（1603 ～ 1867）に幕府がおかれた江戸（現在の東京）は最盛期には 100 万人を超える大都市だったにもかかわらず、リサイクルシステムが確立していました。

　不要品は回収して再生・再利用されるため、市中にはさまざまなリサイクル業者が存在しました。使い古した紙は「紙屑買い」が回収して今で言うティッシュやトイレットペーパーになり、「蠟買い」が集めた蠟燭のかけらは戸のすべりをよくしたり木製品を磨くのに役に立ちました。古着、古傘、古樽なども回収・修理されてまた売買され、「灰買い」が回収した灰は肥料に使われました。人々の排泄物も農家が肥料として利用するため、定期的に回収され、代金が支払われていました。「落ちはないか」と言いながら抜けた毛髪を買い取る「おちゃない」と呼ばれる業者さえいて、抜け毛はかつらになって再利用されました。また、壊れた物の修繕も盛んでした。金物の修理は「鋳掛け屋」、桶や樽の締め直しは「たが屋」が行い、そのほか瀬戸物の焼き接ぎ、提灯の張り替えなどをする業者もいて、すべてにわたって使い捨てなどはありえない社会でした。

≫ 内容確認 1

文章の内容と合っているものに ○ を、合っていないものに ✕ をつけなさい。

1. （　　　）フードバンクには、催事や行事の前からそれに関する食品が寄付
されてくる。

2. （　　　）食品の販売側としては、需要を正確に予想するのは非常に難しい。

3. （　　　）フランスでは食品廃棄に関する法律が世界に先駆けて作られた。

4. （　　　）近年、特定の日に特定の物を食べる伝統的な習慣は完全に失われ
てしまった。

5. （　　　）高級ブランド品の廃棄には、証拠写真を提出するなど徹底した管
理が求められる。

6. （　　　）アパレル業界では、新しい商品を売るために前のシーズンの商品
を陳腐化させている。

7. （　　　）商品在庫を抱え続けることは、節税にもなる。

8. （　　　）高級アパレルブランドは廃棄現場を公にしている。

≫ こ と ば

廃棄する	あける	寄付する	在庫	大幅
一環	納品する	即～	投稿	相次ぐ
倫理観	報じる	言及する	煽る	風潮
必至	むなしさ	仕様	たどる	焼却
いくぶん	横流し	皮肉	手がける	陳腐
セオリー	据える	値崩れ	毀損	計上する
金利				

≫ ことばの練習

　の中のことばを適当な形に変えて（　　　　　　）に入れなさい。

一 環	皮 肉	セオリー	たどる	手がける
煽 る	据える	報じる	相次ぐ	むなしさ
陳 腐	あける			

1. 来週中ごろには全国的に梅雨が（　　　　　　　　　）、気持ちのよい日が続くでしょう。

2. 交通事故数は減ってきているとはいえ高齢者による事故が（　　　　　　）おり、対策が急務だ。

3. 働き方改革の（　　　　　　　　）として、テレワークを取り入れる企業が増えつつある。

4. オセロは四隅を取るのが（　　　　　　　　　）だ。

5. サステナビリティをコンセプトの中心に（　　　　　　　　　）、新しい街づくりのプロジェクトを進めている。

6. 突然、有名サッカー選手のチーム移籍が（　　　　　　　　　）、ファンは騒然となった。

7. 感染症について、連日ワイドショーの報道が、国民の不安を（　　　　　　　　）という批判がある。

8. 誠心誠意接客していても、お客様に顔も見てもらえないことも多く、（　　　　　　　　）を感じることがある。

9. 友達を怒らせてしまったようで口もきいてくれない。必死に記憶を（　　　　　　　　）みたが、何が悪かったのか、どうしてもわからない。

10. ここは食通として知られるKさんが、メニューから内装まで（　　　　　　　　　）ことで有名なレストランです。

11. そんな使い古された（　　　　　　　　　）言葉じゃ、相手の心に響くわけがない。

» 表　現

A ～ものの

1. 明日提出しますと言ったものの、できるかどうか自信がない。

2. 株価は上昇しているものの、私には景気が回復している実感がない。

3. ＿＿＿＿＿＿＿＿＿＿＿＿＿＿＿ものの、途中であきらめる人は少なかった。

B ～か否か

1. この新薬が治療に有効か否かは、さらに臨床試験を行わなければ判断が難しい。

2. 君が社会で成功するか否かは、どんな人と出会い、どう行動していくかにかかっている。

3. ＿＿＿＿＿＿＿＿＿＿＿＿＿＿＿＿＿か否か、誰もわからない。

C ～ならまだしも

1. 授業でのプレゼンならまだしも、学校の代表としての発表など私にはまだできません。

2. できないのならまだしも、能力があるのにやらないなんて、もったいない。

3. ＿＿＿＿＿＿＿＿＿＿＿ならまだしも、＿＿＿＿＿＿＿＿＿＿＿にその服装はよくないんじゃないですか。

D いかにして～か

1. いかにして経済的な損失を最小限にとどめるかが、最大の課題だ。

2. いかにして父を説得するか、頭を悩ませている。

3. いかにして＿＿＿＿＿＿＿＿＿＿＿＿＿＿を最優先に考えましょう。

≫ 内容確認2

次の質問に答えなさい。

1.　催事や行事に関する食品に大量に売れ残りが出るのはどうしてですか。

2.　うな重の売れ残りを批判する投稿に「危機感なし」と書かれていたのは、ど
　　うしてですか。

3.　アパレル廃棄の現状を取材した記者は、何を「皮肉だなと思った」のですか。

4.　高級ブランドのアパレル商品の売れ残りを廃棄してしまう理由はなんですか。

5.　食品やアパレルのロスを減らしたり有効利用したりするためのビジネスモデル
　　や社会システムにはどんなものがありますか。または、新しいアイデアを
　　考えてみましょう。

漂うプラスチック

▶ プラスチックがない生活を想像してみましょう。どんな生活になりますか。

▶ プラスチックにはどんなメリットとデメリットがありますか。

2017年の秋、私はプリマス行きの列車の中にいた。プリマスでは、プラスチックの利用が招いた惨状について、ある人物に話を聞く予定だった。

プラスチックは19世紀後半に発明され、生産が本格化したのは1950年頃のことだ。これまでの累計生産量は83億トン。そのうち廃棄されたのは63億トンにのぼるが、廃棄されたなかでリサイクルされていないプラスチックは、実に57億トンもあるという。2017年にこの数字を割り出した科学者たちも驚く状況だ。

回収されなかった廃プラスチックがどれだけ海に流入しているのか、誰にもわからない。

行方不明のプラスチックはどこへ？

目的地の英プリマス大学コックスサイド海洋観測所に着くと、海洋生態学者のリチャード・トンプソンが出迎えてくれた。54歳のトンプソンは、博士号を目指していた1993年に、西部沖にあるマン島で初めて海岸の清掃活動に参加した。ボランティアたちがペットボトルや漁網を拾うなか、彼は満潮時の波打ち際に残された、見過ごされそうなほど小さな粒子に目を留めた。最初はプラスチックかどうか確信がもてず、警察の科学捜査班に助言も求めたという。

当時の学界では、大きな謎とされていた問題があった。海で見つかるプラスチックの量が想定より少ないことだ。プラスチックの世界全体の生産量は1950年に210万トン、1993年に1億4700万トン、2015年に4億700万トンと飛躍的に増加したが、海に漂ったり、浜辺に打ち上げられたりする量は、警戒すべきレベルとはいえ、それほど増えていないように思われた。「残りはどこに消えたのか。当然そうした疑問が浮かびます」とトンプソンは言う。

初めての清掃活動を皮切りに、トンプソンは何年も研究を続け、その謎を解く手がかりを得た。行方不明のプラスチックは、誰も気づかないような微細な粒子に姿を変えていたのだ。彼は2004年の論文で、こうした粒子を「マイクロプラスチック」と名づけ、海洋に大規模に集積している可能性があると予測した。こ

の予測はその後の調査で裏づけられることになった。

　プラスチックを細かく砕くのは、波と太陽の光の作用だけではない。私がプリマスを訪れる直前、トンプソンはヨーロッパ沿岸部でよく見られる小さなエビに似た甲殻類の一種が、1枚のレジ袋を175万個もの小さな破片に裂くことを、実験室で突きとめていた。

　マイクロプラスチックは、深海の堆積物から北極の海氷まで、調査されたあらゆる海域で見つかっている。ある論文によると、北極で氷の融解が進めば、今後10年間に1兆個ものプラスチック粒子が海に流出する可能性があるという。ハワイ島の浜辺の砂は、多い地点でこの粒子が15％を占めている。私が歩いたカミロ・ポイント・ビーチには、北太平洋をぐるりと回る、北太平洋旋回と呼ばれる海流に乗ってプラスチックが漂着する。世界には大量のごみを一定の海域に集める循環流が五つあるが、なかでも北太平洋旋回は最もごみが多い。そこには、洗濯かごや瓶、それに中国語、日本語、韓国語、英語、時にはロシア語のラベルの付いた容器が堆積していた。

　私がトンプソンと廃プラスチックの話をしている間に、調査船は波の穏やかな海峡を抜け、プリマス沖に出た。トンプソンはここで、通常プランクトンの調査に使われる目の細かなネット「マンタ・トロール」を海中に投入した。この海域近くで数年前に調査を行ったときには、10種504匹の魚がかかり、その3分の1以上の内臓からマイクロプラスチックが見つかって、トンプソンは衝撃を受けたという。

　しばらく航行してトンプソンがネットを引き揚げると、色とりどりのプラスチックの破片が少ないながらも入っていた。彼も魚のフライが好きだが、魚のマイクロプラスチックによる汚染についてはあまり気にしていないという。魚が食べた粒子が、人間が食べる魚肉に入り込む科学的な証拠はほとんどない。それより気になるのは、目に見えない物質の影響だ。形を自在に変えられるなどの特性をもたせるために添加された化学物質や、マイクロプラスチックの劣化で生じる

とされるさらに微細な「ナノプラスチック」が、魚の生体組織、ひいては人体にも入り込む可能性がある。

　「ものによっては添加物の濃度が非常に高いことがわかっています」とトンプソンは言う。「ただ、魚が食べるような小さな粒子になった段階で、そうした物質がどの程度残っているかはわかりません」。彼は言葉を続けた。「ナノプラスチックは小さ過ぎて分析機器では探知できないため、自然環境からはまだ見つかっていませんが、存在はしているでしょう。そして、それが生体組織内に入り込む可能性があるとすれば、状況は一気に深刻さを増します」

　トンプソンは不安をあおるタイプではないが、海洋のプラスチックは美観の問題という領域をはるかに超えていると断言する。「魚を食べるのが危険かどうか、はっきりするまで待っていればいいとは思いません。すぐに行動を起こすべき科学的な証拠が十分にあります」

豊かな生活と引き換えに

　こうした事態になぜ陥ったのか。プラスチックの厄介な一面が見えてきたのはいつ頃だろう。第二次世界大戦中に連合軍が活用したのを皮切りに、広く利用されるようになったプラスチック。これほど人々の暮らしを変えた発明品も珍しい。宇宙開発に貢献し、医療に革命をもたらし、自動車や大型ジェット機を軽量化して、燃料消費と大気汚染を減らす役目も果たしている。生鮮食品を包んで保存期間を延ばし、エアバッグや保育器、ヘルメット、清浄な水を届けるボトルとして、人命を救うために日々役立ってもいる。

　プラスチックが野生動物を救ったこともある。ピアノの鍵盤やビリヤードの玉、くしなどの装身具が象牙で作られていた19世紀の半ばのこと。ゾウの生息数が減り、象牙が値上がりして入手困難になったため、米国のビリヤード会社が、代用の素材を発明した人に1万ドルの報奨金を出すと宣言した。

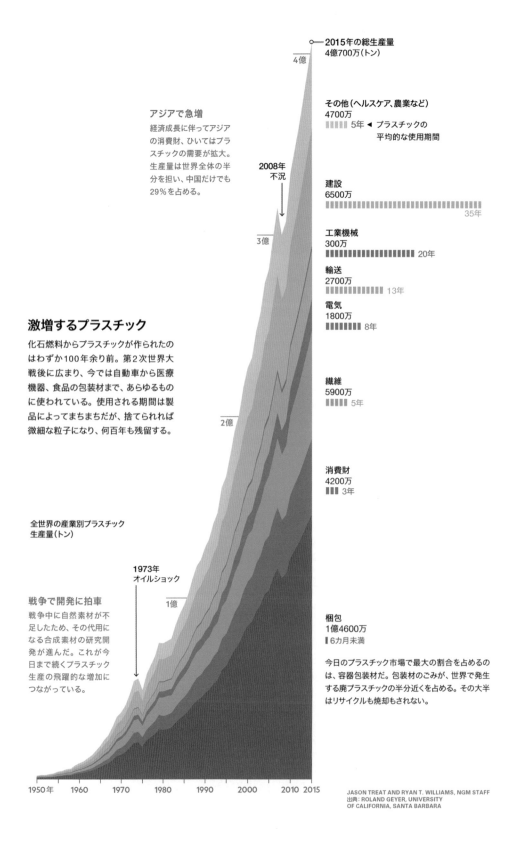

2015年の総生産量
4億700万（トン）

4億

その他（ヘルスケア、農業など）
4700万
▌▌▌▌▌ 5年 ◀ プラスチックの
　　　　　　平均的な使用期間

アジアで急増
経済成長に伴ってアジア
の消費財、ひいてはプラ
スチックの需要が拡大。
生産量は世界全体の半
分を担い、中国だけでも
29％を占める。

2008年
不況

3億

建設
6500万
▌▌▌▌▌▌▌▌▌▌▌▌▌▌▌▌▌▌▌▌▌▌▌▌▌▌▌▌▌▌▌▌
　　　　　　　　　　　　　　　　　　35年

工業機械
300万
▌▌▌▌▌▌▌▌▌▌▌▌▌▌▌▌▌▌▌▌ 20年

輸送
2700万
▌▌▌▌▌▌▌▌▌▌▌▌▌ 13年

電気
1800万
▌▌▌▌▌▌▌▌ 8年

激増するプラスチック
化石燃料からプラスチックが作られたの
はわずか100年余り前。第2次世界大
戦後に広まり、今では自動車から医療
機器、食品の包装材まで、あらゆるもの
に使われている。使用される期間は製
品によってまちまちだが、捨てられれば
微細な粒子になり、何百年も残留する。

繊維
5900万
▌▌▌▌▌ 5年

2億

消費財
4200万
▌▌▌ 3年

全世界の産業別プラスチック
生産量（トン）

1973年
オイルショック

1億

戦争で開発に拍車
戦争中に自然素材が不
足したため、その代用に
なる合成素材の研究開
発が進んだ。これが今
日まで続くプラスチック
生産の飛躍的な増加に
つながっている。

梱包
1億4600万
▌6カ月未満

今日のプラスチック市場で最大の割合を占めるの
は、容器包装材だ。包装材のごみが、世界で発生
する廃プラスチックの半分近くを占める。その大半
はリサイクルも焼却もされない。

1950年　1960　1970　1980　1990　2000　2010 2015

JASON TREAT AND RYAN T. WILLIAMS, NGM STAFF
出典: ROLAND GEYER, UNIVERSITY
OF CALIFORNIA, SANTA BARBARA

　　サイエンス・ライターのスーザン・フラインケルの著書によると、アマチュア発明家のジョン・ウェズリー・ハイアットがこれに挑戦し、あらゆる植物に含まれる高分子化合物セルロースから、史上初のプラスチック素材セルロイドを合成したという。セルロイドはゾウを救っただけではなく、貴族の遊びだったビリヤードを庶民がバーで気楽に楽しめるゲームに変えた。

　　これはささやかな例にすぎない。プラスチックは人々の生活を根底から変え、物があふれる時代を招いた。プラスチック革命に拍車がかかったのは 20 世紀初め、豊富で安価なエネルギー物質、石油を原料とするようになってからだ。それまでは天然の高分子化合物を使っていたが、原油の精製過程で生じるエチレンなどのガスの分子を結合させれば、さまざまな新しい高分子化合物を生み出せることがわかったのだ。ペットボトルの原料として知られるポリエチレンテレフタレート（PET）もその一つだ。これにより、プラスチックの用途は一気に広がった。あらゆる物をプラスチックで作れるようになり、私たちの周りには安価なプラスチック製品があふれた。

　　それから 60 年ほどたった今、世界で生産される年間約 4 億トンのプラスチックのうち、約 4 割は使い捨てで、その多くは購入後すぐに用済みになる包装材だ。プラスチックの生産量は猛烈な勢いで増えている。過去 15 年間の生産量がこれまでの累積生産量のほぼ半分を占めるほどだ。

　　生産の急速な伸びに、ごみ処理システムの整備はとても追いつかない。その結果、海にプラスチックがあふれている。

ローラ・パーカー

犠牲になる野生動物

中米コスタリカ沖の船上で、一人の生物学者がウミガメの鼻孔からペンチを使ってプラスチックのストローを引き抜こうとしている。カメはもだえ苦しみ、大量の血を流す。直視にたえない映像だが、YouTube での再生回数は 2000 万回を超えている。奮闘の末、長さ 10 センチほどのストローはようやく取れた。

近年、こうした痛々しい光景を目にすることが珍しくなくなった。誤飲したごみで胃袋がはちきれそうになったアホウドリの死骸、漁網が体に絡みついたアザラシなどだ。

だが大半の被害は目につきにくい。アカアシミズナギドリという大型の海鳥がプラスチックを誤飲する量は、体の大きさとの比率では、海洋動物のなかで最大だとの研究がある。大規模な個体群を調査したところ、9 割のひなの体内からプラスチックが見つかった。誤飲は慢性的な激しい空腹につながることが多い。

「かわいそうなのは、鳥がプラスチックを食べ物と勘違いしてのみ込むことです」と海洋生物学者のマシュー・サボカは言う。「ランチを食べたのに、いっこうに気力が湧かず、空腹感が消えなかったらどうします？　訳がわからなくなるでしょう」。サボカによると、カタクチイワシなどは、においにつられて海藻の付着したプラスチックを食べてしまうという。栄養不足の海鳥は食べ物を求めて飛び回ったあげく、プラスチックごみを持ち帰ってひなに与えてしまう。

軽量で耐久性に優れているという、人間にとって有用なプラスチックの特性は、動物が危険な目に遭うリスクを高めるものでしかない。「何よりも危険なのが、使い捨てのプラスチック製品です」とサボカは言う。ストローやペットボト

ル、レジ袋の類いだ。これまでプラスチックを誤飲したり、漁網が体に絡まった
りしたことが報告されている海洋生物は、およそ700種にのぼる。

　プラスチックが野生動物に与える長期的な影響については、まだよくわかって
いない。海鳥による誤飲が初めて記録されたのは、1966年のことだ。太平洋に
浮かぶハワイ諸島の環礁で、74羽のコアホウドリのひなの体内からプラスチッ
クが見つかった。当時のプラスチックの生産量は現在のおよそ20分の1にすぎ
ない。そう考えると、あのコアホウドリは現在の危機をいち早く伝えてくれてい
たのかもしれない。

ナターシャ・デイリー

出典：『ナショナルジオグラフィック日本版　プラスチック大特集』2018年6月号
（一部改編）

≫ 内容確認

1. トンプソン氏の言う「マイクロプラスチック」についてまとめなさい。

　　・マイクロプラスチックとは①_____

　　_____のことである。

　　・②_____

　　に存在している。また、調査のために捕まえた③_____から

　　も見つかっている。

2. トンプソン氏はマイクロプラスチックそのものによる魚の汚染については
あまり気にしていないと言います。

　　a）それはなぜですか。

　　b）トンプソン氏が心配しているのはどんなことですか。

3. プラスチックの歴史についてまとめなさい。

19世紀後半	プラスチックが発明される
	・植物に含まれる高分子化合物セルロースから、セルロイドを合成した。
①_____	プラスチック革命に拍車がかかる
	・②_____を原料として、さまざまな新しい高分子化合物を生みだせるようになった。
	・第二次世界大戦で③_____が活用した。

1950 年頃	生産が本格化する
	・世界全体の生産量④ ＿＿＿＿＿＿＿＿＿ トン（1950 年）
現　在	プラスチック製品があふれている
	・世界全体の生産量⑤ ＿＿＿＿＿＿＿＿＿ トン（2015 年）
	・生産量が激増している。

4.　海にプラスチックがあふれてしまっている原因は何ですか。

5.　回収されなかったプラスチック、特に使い捨てのプラスチックについて
　　答えなさい。
　　a）海洋生物にどのような被害を与えていますか。

　　b）今後、野生動物や生態系などにどのような影響が出てくると思いますか。
　　　　あなたの考えを書きなさい。

6.　使い捨てのプラスチック製品について、現在どのような取り組みが行われ
　　ているか調べてみましょう。また、今後どのような取り組みが考えられるか、
　　自分の意見を述べなさい。

Chapter 3

意見文作成

なくてもいいものを考える

近年、世界ではペーパーレス化が進められています。

紙の使用を減らし、森林伐採による自然破壊を軽減するという目的に基づくものですが、印刷コストや保管場所の削減、電子化によって情報へのアクセスが容易になるなど、多くの利点があります。

しかし一方で、電子媒体より紙媒体の方が見やすいと考える人も多く、電子機器の故障やデータ流出の危惧などペーパーレス化への懸念の声もあります。

従来普通にあったものが、状況や価値観の変化によって、その存在価値を見直されるということがあります。「なくてもいいもの」について考え、それについて意見を述べる文章を書いてみましょう。

例： 包装 ／ 結婚制度 ／ 国境 ／ SNS ／ 現金

【 意見文作成準備 】
　　資料を調べ、テーマに関する情報を得る。

【 意見文の内容 】
　　テーマ：なくてもいいもの
　　根　拠：なくてもいいと考える理由　／　背景・現状の説明
　　　　　　予想される反対意見とそれに対する対策や提案 など
　　結　論：全体のまとめ

意見文作成アウトライン

なくてもいいもの
根　拠
・
・
・
結　論

セルフチェック ※できた項目に ☑ をしましょう。

　　□ 常体（「だ・である」体）に統一している。

　　□ 意見文にふさわしい語彙・表現で書いている。

　　□ 段落に分けて書いている。

　　□ 表明した立場と結論に矛盾がない。

　　□ 客観的な根拠が示されている。

5章

章

人文学の扉

Chapter 1

読書の時間

▶ あなたは日本語で書かれた本を読んだことがありますか。

▶ あなたの国で読まれている日本の作家にはどんな人がいますか。

調律師のるみ子さん

　　三十八歳になる調律師のるみ子さんは、依頼されたピアノのチューニングを、いつも一音、わずかだけ外しておきます。

5　　鍵盤中央のＡ音。客には全く聞き分けられないほどほんのわずか。仕事が終わると、まあ、まるで新品にでもなったみたい、客は晴れやかな笑みで、るみ子さんの手をとろうとする。そしてはっとします。手袋をはずしたるみ子さんの右手には、ひとさし指となか指がありません。るみ子さんは腰をかがめ、時計の針のようなお辞儀をすると、道具かばんを提げて玄関を出て行きます。

10　　事故に遭う前から、るみ子さんの耳は評判だった。音楽大学の発表会で、ピアノ曲の演奏途中、突然曲をやめ、黙々と調律をはじめたことがあります。十年前に手指を失い、調律師の職に就きました。ピアノを置く家は、以前とくらべ少なくはなりましたが、仕事の注文が途絶えることはありませんでした。穏やかそうな容貌と確かな耳、そして、「いつの間にかまた調整が必要となる」ピアノのチュー
15　ニングのおかげだったといえます。

　　とある週末、紹介をうけて、街はずれの邸宅を訪ねました。まるで公園のようにえんえんと塀がつづき、やっとたどりついた玄関には、白髪の小柄な老人がひとり、黙りこくって立っていました。口を結んだまま廊下を進み、じゅうたん敷きの居間に入ると、年季のはいったグランドピアノを指さします。るみ子さんは
20　ひとつうなずくと音叉を出し、調律をはじめました。老人は杖を突き、居間を出たり入ったりしています。どうやら目がほとんど見えないようです。

　　三十分ほど経ったでしょうか、るみ子さんは老人を振り向き、

「終わりました」

　　と声をかけました。老人は立ち止まり、

25　「あなた、ご冗談でしょう？」

　　とこたえました。

「ぜんぜん音がちがっていますよ」

　るみ子さんは頬を打たれたような表情になり、今度は慎重に、きわめて念入りに音を合わせました。鍵盤中央のＡ音もです。

「これでいかがでしょうか」

5　「お話になりませんな」

　老人は細い肩をすくめていいました。

「腕のいい方と伺っていましたが、どうやらなにか手違いがあったらしい。ピアノはそのままにして、どうぞお帰りください。時間分の手間賃はお支払いしますから」

10　「でも」

　るみ子さんは真っ赤になって、

「音は全部合っていますよ」

「そういう問題じゃない」

　老人は首を振って、

15　「これじゃあピアノがかわいそうです。あなたは本当のところ、ピアノのことが、あまりお好きではないようですね」

　憤然として、るみ子さんは帰ります。それから何日も雨がつづきました。仕事に出てもピアノの音が、なんだかくぐもって聞こえます。首根っこが重く、食欲もない。るみ子さんは三件つづけて注文を断りました。屋根をぽつぽつと叩く雨

20　音が家じゅうに響きます。

　薄曇りの夕方、洗濯物を取り込んでいるときドアベルが鳴りました。郵便配達が、請求書の束と小包をひとつ、るみ子さんに手渡します。小包の差出人には見覚えがない。包装紙を破るとなにやら香ばしい匂いが漂ってきます。添えられた手紙を開いた途端、るみ子さんは大きく息をのみました。

25　十年前のお礼から、その手紙ははじまっていました。あの転覆した電車のなかで、見ず知らずのあなたに助けていただいて、まだ小学生だった私は、ろくにお

礼もいえませんでした。お怪我はだいじょうぶだったでしょうか。私のやけどは
その後なんとか安定し、今年の春、調理師の免状をいただくことができました。
ゆうべチョコレートケーキを焼きました。いま私ができるせめてものお礼です。
スポンジのつなぎにちょっぴり工夫を凝らしてあります。これから新作ができる
たびお届けしようと思います。もしご迷惑ならば二度とお送りはしません。ほん
とうに、ほんとうにありがとうございました。

　るみ子さんは手紙をとじ、ケーキを冷蔵庫にしまいました。元来、甘いものが
好きではないのです。夜中になっても寝付けず、るみ子さんはステレオの前に座
り、古いレコードをとりだしました。学生のころよく聞いたピアノソナタ。一枚
が終わると、また別のレコードをかけました。ひさしぶりに聞くその音は、以前
と同じく、きらきらと光を振りまくように聞こえました。それでいて、どの演奏
のピアノも、すべて、それぞれがちがう輝きを放っているのでした。三枚目をか
ける前、るみ子さんは冷蔵庫を開け、チョコレートケーキをつまみました。四枚
目、五枚目とかけているうち、窓から朝日が覗きました。皿のケーキは半分以上
なくなっていました。

　お昼過ぎ、道具箱をもって、例の邸宅をまた訪ねます。目の見えない老人は少
し驚いたようでしたが、何もいわず、るみ子さんを居間へと通しました。るみ子
さんはピアノの前からかがみこみ、音を合わせはじめました。他のピアノにはな
い響き、それぞれの音が見せる表情を、一瞬でも聞き逃すまいと息をひそめて。
ピアノのささやきは、はじめはおずおずと、そのうち大胆に、彼女の耳に流れこ
んできました。

　やがてるみ子さんが、最後のA音をポロンとはじくと、老人は朗らかな声で、
「ああ、うちの音だ、やっとうちのピアノの音になった！」
　視力のない目に深い笑みを浮かべて、
「あなたはまったくすばらしい腕ですね。もしよろしければ、なにか一曲、聞か
せていただくわけにはまいりませんか？」

　るみ子さんは軽くうなずきました。そして指の足りない両手で、子ども時分に習った短い練習曲を、軽やかに奏ではじめました。

出典：いしいしんじ『雪屋のロッスさん』

玩具作りのノルデ爺さん

　朝陽の照りはじめた海岸を、今日もひとり、ノルデ爺さんは歩いていきます。

ごま塩ひげに覆われた頬。防水コートを引っかけた痩せぎすの背中。浜辺へうち

5　あげられた木片やガラス瓶、その他雑多な漂着物を、一個一個拾いあげ、砂を落

とし、肩にかけた網袋におさめていく。海岸線の半ばまでくると、爺さんはきび

すを返し、足をわずかに引きずりながら小屋へと戻ります。陽はまだ東の空でも

たもたしている。爺さんの小屋は海岸の高台にあります。物干し竿に渡した紐に、

海草や小魚が、古い靴下のように干されてあります。

10　朝食を終えるや、ノルデ爺さんは早速仕事にとりかかる。小刀に木槌、細引き

紐や絵の具をむしろに広げ、早朝に拾った品々を自分の周囲に並べます。爺さん

は小刀を取る。木片を削っていくうち、見る間に舟の形ができあがる。絵筆を走

らせ、船腹やデッキに模様を描くと、瀟洒なヨットの完成です。爺さんは腕を

のばし、むしろの端にそれを置く。しばらく出来栄えを眺めたあと、つづけて別

15　の漂着物を、皺だらけの手に収めます。

　ガラスを磨き、斑点を打ったおはじき。

　小枝を編み、取っ手をつけた虫かご。

　プラスティックをねじまげた子犬。

　浜で拾ったがらくたを材料に、爺さんは毎日、十いくつの玩具を作ります。

20　三十年の間ずっとそうしてきたのです。けれども、都会の商店に、彼の玩具はひ

とつとして出回っていません。浜にほど近い港町でも、それらがひとの目に触れ

ることは一切ありません。爺さんがこうして玩具を作っていることさえ、ほとん

ど知っているひとはいないのでした。

25　とある秋の朝、爺さんは浜で、ふだんになく大きな漂着物を見つけました。穴

だらけの救命ボートです。なかにひとり、真っ白い顔の、若い男が横たわってい

ます。爺さんは男を抱えあげ、早足で小屋へ戻りました。白く見えたのは乾いた塩のせいでした。かさかさに干からびたくちびるは、真水を垂らすと重たげに、ゆっくりと動きました。スラックスのポケットから、不釣り合いなタータンチェックの端切れが一片のぞいています。

5　　夕方、意識をとりもどした男に、ノルデ爺さんはまた真水をすすめ、氏素性などをたずねてみました。

　　わかりません、と男はこたえます。

「自分の名前さえわからないのです」

「まあいい。焦らなくともいずれわかるさ」

10　　爺さんは柔和な顔でうなずき、

「この浜は、風が吹かなきゃ、陽ざしがずいぶんと暖かいんだ。静養するには、もってこいの場所だよ」

　　翌朝から爺さんは、いつも通りの暮らしに戻りました。がらくたを拾い、小屋で玩具に仕立て直す。一週間も経つうち、男もじょじょに元気をとりもどしていっ

15　た。むしろの上に膝をつき、興味深げに眺めています。やってみるかとたずねられると、慌てて首を振りますが、次々とできあがる木馬や人形には、充血した目をじっと向けたままでいます。

「ノルデさん」

　　早朝の浜辺を、爺さんのあとについていきながら、男はいぶかしげな口調で、

20「どうして玩具を？」

「うん？」

　　ノルデ爺さんは眉をあげ、

「そりゃ玩具が好きだからさ。あんただってそうだろう。玩具のきらいなやつなんてこの世にはいないよ。いくつになろうが、どんな暮らしをしていようが、ひ

25とは玩具が大好きだ。というより、玩具が必要なんだよ」

「私のききたいのは、別のことです」

　男はいいました。

「どうして玩具を、捨てちまうんですか？　ゆうべ見てたんです。磯の上から、一個ずつ沖のほうへ放り投げているのを」

　爺さんは柔和に笑った。男は続けます。

5　「命を救われて、こんなことをいっていいかわかりませんが、せっかく作ったのをまた海へ捨てるだなんて、ノルデさんの今いったことと、まるで反対じゃありませんか」

　爺さんは腰を折り、青いガラスの破片を砂地からつまみ上げた。朝陽にかざし、嬉しげに微笑みます。気勢を折られ、若い男は口をつぐんだ。爺さんと並び、な
10　にもいわずガラス片を拾い集めていきます。

　初冬のある日、男が三人、小屋の戸を叩きました。若い男を取り囲み、次々と質問を投げかけてきます。こんなところじゃ落ち着いてインタビューもとれない、さあ、港の宿へお連れします！　腕をとられた男は、問いかけるような眼差
15　しをノルデ爺さんに向けた。爺さんは微笑んだまま、二度三度とうなずいただけでした。

　宿の暖炉では煌々と火が燃えています。記者たちの質問に、男はただ呆然とし、ほとんどなにもこたえられずにいます。海難史に残る大惨事？　タンカーとの衝突？　いったいなんのことだろう？

20　「生存者はほかに見つかっていないのです」

　記者のひとりが鉛筆を構えながら、

「伺いにくい質問ですが、遊覧船の上で、ご家族へはいったい、最後にどんなことを？」

　暖炉の火を受けながら、男の顔は真っ青になりました。ポケットに手をいれる。
25　そこにはタータンチェックの切れ端。幼子のはいていたスカートの紐。男の頭のなかで過去の風景がでたらめに回った。黄色いゴム長靴。熊のぬいぐるみ。冷え

冷えと濡れそぼった桃色のてのひら。そして、黒々と甲板にのしかかる夜の波頭。

　　男が泣きやみ、宿の部屋から出てきたのは、次の日の昼でした。記者たちの姿
は見えません。食堂へおりていくと、女主人が湯気のたつカップを目の前に置い
てくれた。

「ノルデさんとこにいたんなら、コーヒーなんてひさしぶりだろうね」

　　主人は苦笑していいます。

「あの爺さんは湯と干物しかとらないから」

　　あのひとは、と男はたずねた。

「どうしてひとりで、あんなところに住んでいるんですか」

　　女は少し黙り、正面に腰をおろすと、あの浜さ、へんな形にくぼんでいるだろ
う？とこたえた。三十年前は、漁村だったんだよ。津波があってね。家も舟も全
部、沖へさらっちまった。ノルデさんは行商に出てて留守だった。娘が三人、息
子がふたりいた。帰ってきてからは、一日さえあそこを離れない。

　　男は宿を出、埠頭(ふとう)を横切って砂浜へ出ました。湾曲した波打ち際(ぎわ)を通り、爺さ
んの小屋へ着く。ちょうど自動車の模型に色を塗っているところでした。ゆっく
りと目をあげるノルデ爺さんに、男はしずかな口調で、玩具作りを教えてくれま
せんか、といった。

「私にも玩具が必要なので
す。また、玩具を必要とす
る相手が、ほかにもいるの
です」

「すわりなさい」

　　といって、ノルデ爺さん
はむしろの場所をあけた。
男はそこにすわり、木片を

拾った。

　春が過ぎ、夏が過ぎていく。男の腕はどんどんあがっていった。もともと工作の素養があったらしい。爺さんは嬉しげに目を細め、男の作ったヨットや木馬を眺めます。夜になればふたりして磯にのぼり、黒い波のはるか先へそれらを投げこみます。

　そして冬のある日、爺さんは全身ぐっしょりと濡らし、かすかに震えながら小屋へはいってきた。外は氷雨（ひさめ）が降っていました。医者を呼んでこようと立ちあがる男を制し、ノルデ爺さんは、落ち着きのあるかすれ声で、

　「小屋の裏へ行きなさい。ちょうどいい太さの丸太が、この日のために寝かせてある」

　男はいわれたとおりにした。身の丈ほどの丸太を転がし、小屋へ戻ると、爺さんはもう身じろぎさえしていません。男はくちびるをかみしめ、のみと木槌をとると、猛然と丸太をくりぬいていった。小屋の外が白みはじめるころ、作業は終わりました。まんなかに立てた物干し竿に帆布を張ると、ちょうどいい小舟の完成です。男は丸木船を浜のほうへ押していった。爺さんを抱きかかえ、汀（みぎわ）で揺れる舟に横たえます。ほの明るいくもり空から粉雪が舞い落ちてきます。

　背中からゆるやかに風が吹いた。ノルデ爺さんを乗せた舟は、まっすぐに沖をめざし進みはじめました。男は波に両足を浸しながらいつまでも見送っていました。朝の雪のなか風に運ばれ、少しずつ小さくなっていくその舟は、おだやかな水面に浮かべられた、玩具のヨットのように見えました。

出典：いしいしんじ『雪屋のロッスさん』

>> **内容確認 1**

文章の内容と合っているものに 〇 を、合っていないものに ✕ をつけなさい。

「調律師のるみ子さん」

1. （　　　）るみ子さんはいつもピアノを完璧に調律する。

2. （　　　）老人ははじめからるみ子さんの調律に満足した。

3. （　　　）るみ子さんは 10 年前に転覆した電車の中で小学生を助けた。

4. （　　　）手紙とチョコレートケーキは、るみ子さんに大きな気持ちの変化
　　　　　　をもたらした。

「玩具作りのノルデ爺さん」

5. （　　　）ノルデ爺さんは玩具を作って生計を立てている。

6. （　　　）男は家族とともに遊覧船に乗っていて事故に遭った。

7. （　　　）ノルデ爺さんは男に玩具作りを教えた。

8. （　　　）男は自分が乗るために丸太で船を作った。

>> **こ　と　ば**

「調律師のるみ子さん」

提げる	黙々と	就く	容貌	えんえんと
黙りこくる	口を結ぶ	年季がはいる	話にならない	手違い
憤然	くぐもる	香ばしい	漂う	せめてもの
凝らす	放つ	息をひそめる	ささやき	おずおずと
大胆	はじく	軽やか	奏でる	

「玩具作りのノルデ爺さん」

きびすを返す	もたもたする	出来栄え	不釣り合い	氏素性
もってこい	がらくた	いぶかしい	気勢	口をつぐむ
眼差し	呆然	でたらめ	くぼむ	さらう
素養	はるか	かすか	制する	寝かせる
身じろぎ	白む			

≫ ことばの練習

□□□ の中のことばを適当な形に変えて（　　　　）に入れなさい。

手違い	凝らす	おずおずと	もってこい	もたもたする
くぼむ	就く	えんえんと	せめてもの	話にならない
奏でる	はるか	でたらめ	口をつぐむ	きびすを返す

1. 彼はお客さんへの対応がずいぶん（　　　　　　　　）いるから、まだこの仕事を始めて間もないようだ。

2. 会議で社長に他に何か意見があるかと尋ねられ、新入社員の私は（　　　　）手を挙げた。

3. 姉は不況でなかなか定職に（　　　　　　　　）、経済的に苦しい時期が続いたが、今月やっと正社員として採用が決まった。

4. 家の前で待ち構えていた父の怒った顔を見て、弟は（　　　　　　　）走って逃げた。

5. 今日は快晴で風もなく、運動会には（　　　　　　　）の天気だ。

6. 君が歌手になりたいのはわかるけど、こんなに下手では（　　　　　　　）。

7. 校長先生の説教は（　　　　　　　）三時間に及んだ。

8. 彼女の（　　　　　　　）ハープの音色は聴衆を夢の世界へと連れて行く。

9. 昔の貴族の館には趣向を（　　　　　　　）調度品が並んでいた。

10. そんな（　　　　　　　）ばかり言っていると誰も信じてくれなくなるぞ。

11. 申し込んだのに予約ができていないとは、何か（　　　　　　　）があったにちがいない。

12. 彼は公金横領を認めたが、動機について聞かれると（　　　　　　　）まま語ろうとしない。

13. この地域は地震で大きな被害を受け、私の家も全壊した。（　　　　　　　）救いは家族が全員無事だったことだ。

>> **表　現**

A それでいて

1. 課長は部下に対して非常に厳しい。それでいて自分には甘いから人望が得られない。
2. 彼女は恥ずかしがりやで緊張しやすい。それでいて女優として舞台に立つことを夢見ている。
3. 彼は勉強もせず毎日ゲームばかりしている。それでいて＿＿＿＿＿＿＿＿＿＿＿＿＿＿＿＿＿＿＿＿＿＿＿と言っている。

B ～わけにはいきませんか

1. 不況のために我が社も赤字続きで困っています。返済を待っていただくわけにはいきませんか。
2. せっかくご提案いただいたのですが、この部分のデザインを少し直してもらうわけにはいきませんか。
3. ご迷惑をおかけしてすみませんが、＿＿＿＿＿＿＿＿＿＿＿＿＿＿＿＿＿＿＿＿＿＿＿＿＿＿＿＿＿＿＿＿＿＿わけにはいきませんか。

C ～げ

1. 彼女は自分が作った料理を一口食べて、満足げに微笑んだ。
2. 怪しげなメールが届いたら、開かずに削除してください。
3. 彼は＿＿＿＿＿＿＿＿＿＿＿＿＿＿＿＿＿＿＿＿＿げにこちらを見つめていたが、何も言わずに出て行った。

D ～うが ～うが

1. なるべく安いところに住みたいので、古かろうが狭かろうが、かまいません。
2. どれだけ大変だろうが、いくら時間がかかろうが、自分のアニメ作品を完成させたい。
3. 大好きな歌手のコンサートは＿＿＿＿＿＿＿＿＿＿＿＿＿＿＿＿＿＿＿＿＿が、＿＿＿＿＿＿＿＿＿＿＿＿＿＿＿＿＿＿＿が、必ず行く。

>> 内容確認2

次の質問に答えなさい。

「調律師のるみ子さん」

1. るみ子さんは調律する時、なぜいつもわずかに一音外しておきますか。あなたの考えを書きなさい。

2. るみ子さんが「頰を打たれたような表情」（p.104 2行目）になったのはどうしてですか。

3. 手紙とチョコレートケーキによって、るみ子さんの気持ちはどのように変わりましたか。

4. るみ子さんはどうしてもう一度老人の家を訪ねましたか。あなたの考えを書きなさい。

「玩具作りのノルデ爺さん」

5. ノルデ爺さんはなぜせっかく作った玩具を海に捨てるのですか。

6. 男が「真っ青になった」（p.109 24行目）のはどうしてですか。

7. ノルデ爺さんに玩具づくりを教えてほしいと頼んだ男には、どのような気持ちの変化がありましたか。

8. ノルデ爺さんを乗せた舟を見送りながら、男はどんなことを考えていたと思いますか。

Chapter 2

未来の他者との連帯

▶ 今もらえる 100 万円と 10 年後にもらえる 200 万円なら、あなたは
どちらを選びますか。

▶ 30 年後の世界ではどのようなことが問題になっていると思いますか。
また、300 年後の世界ではどうですか。

　[1]3・11の原発事故が開示した最大の哲学的な難問は、〈未来の他者〉〈将来世代〉といかにして連帯するか、という問いである。原発を稼働するということは、何十年後、何百年後、いや場合によっては何万年後の他者の利害や生存に、つまりまだ生まれていない——ひょっとすると出現すらしないかもしれない——将来の他者の利害や生存に決定的な影響を与えることを意味している。

　原発に関する意志決定に、どのようにして、そのような遥かな未来の他者への配慮を組み込み、結果として、その未来の他者との連帯を実現することができるのか。それは著しく困難なことに思える。

　同じ問題は、実は、原発に関してのみ付きまとっているわけではない。環境問題や年金問題、財政問題などすべての政治的・社会的課題には、同じ問いがともなっている。この主題に関して、希望的なことと悲観的なこととを一つずつ述べておこう。

　希望的なこととは、哲学者[2]カントが「不可解な謎」と述べている事実である。人は、しばしば、その成果として得られる幸福を享受できるのがずっと後世の世代であって、自分自身ではないことがわかっているような骨の折れる仕事にも、営々と従事する。これはふしぎなことではないか、とカントは言う。

　ふしぎかもしれないが、これは事実である。われわれのほとんどは、自分が恩恵を受けることができないとわかっていることであっても「あとは野となれ山となれ」といったかたちでおざなりにしてしまうのではなく、それなりにがんばる。ここには、未来の他者への配慮がすでに含まれている。これは希望である。

　悲観的な事実とは、心理学者が、時間選好についての「双曲（誇張的）割引」と呼んでいる現象である。人は、一般に、現在の満足を将来の満足よりも優先す

---

[1]3・11　2011年3月11日に発生し、甚大な被害を引き起こした東日本大震災のこと。東北地方太平洋沖地震およびこれに伴う福島第一原子力発電所事故による災害。
[2]カント　ドイツの哲学者。イマヌエル・カント。（1724～1804）

る。1年後に100万円をもらうより、今100万円をもらえるほうがうれしい。1年後に得られる金額が200万円であれば、今の100万円をがまんするが、110万円程度であれば、現在の100万円を優先させるかもしれない。つまり、将来の価値は割り引かれるのであり、これが利息を取ることの根拠になっている。

双曲割引とは、この割引率が、時間を通じて均等にはなっていない、ということである。近い未来では、割引の程度が極端に大きく、誇張されるのである。簡単に言えば、今日と明日では大違いだが、4日後と5日後は同じ1日の幅でも大同小異と感じられるということだ。

双曲割引は何を意味しているのか。現在と未来との間には圧倒的な質的差異があるということである。今日と明日の間には、「現在／未来」の深淵があるが、4日後と5日後はともに同じ「未来」に属しているので、相対的な差異しかない。もっとはっきりと言ってしまおう。「未来の自分」は、〈（現在の）私〉にとって、ほとんど〈他者〉に等しいのだ。

双曲割引は、〈私〉が、「未来の自分」という〈他者〉と連帯すること、「彼」のために自分を犠牲にすることでさえも、そうとうに困難であることを示している。ダイエットしなくてはならないのに、目の前のケーキの誘惑に負けてしまうとき、われわれは、「未来の自分」を裏切り、「彼」との約束を破っているのである。とすれば、まして、数万年後の〈他者〉と連帯などできるだろうか。

しかし、である。この悲観的な事実を、最初に述べた希望的な事実とセットにして見直した場合には、ここからもうひとつの希望を紡ぎ出すこともできる。〈私〉と〈他者〉とを分かつ真に決定的な断絶は、今述べたように、現在と未来の間にある。ということは、「10年後の自分」と「100年後の子孫」は、今の〈私〉にとっては、同じように〈他者〉であって、その差異は相対的だということになる。

確かに、「未来の自分」のことを配慮し、「未来の自分」と「連帯」することは簡単ではないが、われわれは、それを不可能なこととは思っていない。長期的な

視野に立ち、はるかに先のことを考慮して決定したり、行動したりすることは、むしろ普通のことである。カントも、後続世代の幸福のために労苦を惜しまないことを「不可解な謎」と見たが、「自分自身の将来」のために努力することは、不可解でも何でもないあたりまえのことと見なしていた。

5　しかし、繰り返せば、「自分自身の将来」は、すでに、〈私〉にとって〈他者〉の領分に入っている。「未来の自分」という〈他者〉と連帯できるのであれば、ずっと後の世代、数百年後、数万年後の〈他者〉との間でも、連帯できるはずだ。両者の間には、「今日と明日」ほどの差異もないのだから。

　出典：大澤 真幸「深く現実的に 3 〈未来の他者〉との連帯」『信濃毎日新聞』2012 年 6 月 16 日朝刊

》 内 容 確 認

1. 「同じ問題」（p.117　10行目）とは何ですか。

2. 「希望的なこと」（p.117　14行目）とは何ですか。

3. この文章における「双曲割引」についてグラフを書いて説明しなさい。

....

....

....

....

....

4.「この悲観的な事実」（p.118　20 行目）とは何ですか。

5.「われわれは、それを不可能なこととは思っていない」（p.118　26 行目）の
　「それ」は何を意味していますか。

6.「もうひとつの希望」（p.118　21 行目）とはどういうことですか。

7.　筆者の述べる「未来の他者との連帯」について、あなたの考えを書きなさい。

Chapter 3

ビブリオバトル

知的書評合戦！ ビブリオバトル

「ビブリオバトル」とは大学の研究室の活動から始まった本の紹介コミュニケーションゲームです。各自が読んだ本の魅力を説得力を持って語り、投票で「チャンプ本」を決定する知的書評合戦をやってみましょう。

＼ ビブリオバトル公式ルール ／

2022 年 4 月 1 日改訂

1. **発表参加者が読んで面白いと思った本を持って集まる。**
   - 本は必ず発表参加者自身が選ぶこと。

2. **順番に 1 人 5 分間で本を紹介する。**
   - 5 分間が経過した時点でタイムアップとし、速やかに発表を終了すること。
   - 発表参加者は必ず 5 分間を使い切ること。

3. **それぞれの発表の後に、参加者全員でその発表に関するディスカッションを 2 ～ 3 分間行う。**
   - 参加者全員が、お互いにとって楽しい場となるよう配慮すること。
   - 判的な問いかけをしてはならない。発表内容で分からなかった点の追加説明を求めたり、「どの本を一番読みたくなったか？」の判断に必要な質問を心がけること。

4. **全ての発表が終了した後に、「どの本が一番読みたくなったか？」を基準とした投票を参加者全員が 1 人 1 票で行い、最多票を集めた本をチャンプ本とする。**
   - 発表参加者も投票権を持つ。ただし、自身が紹介した本には投票せず、他の発表参加者の本に投票すること。

▷ 発表者は本の内容や感想はもちろん、本との出会いや著者への思いなどを伝えるのもいいでしょう。

▷ 心に残った場面やセリフ、キーワードなどをまじえて話すのも効果的です。

▷ レジュメやプレゼン資料の配付などはせず、できるだけライブ感をもって発表すること。自信を持って話しましょう。

発表準備メモ

書　名
著作者
本の簡単な内容
すすめたいポイント

参考：知的書評合戦ビブリオバトル公式サイト　https://www.bibliobattle.jp/

6章

章

医療・保健学の扉

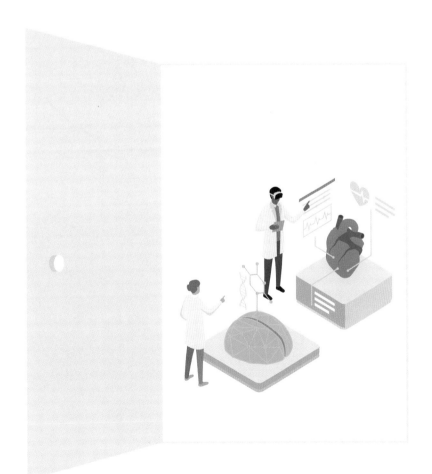

Chapter 1

生と死が創るもの

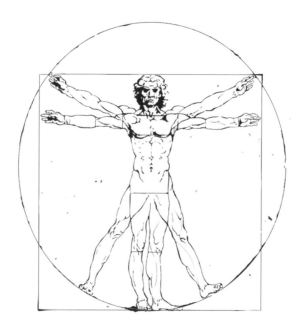

▶ 医療技術の進歩によって、どんなことが可能になりましたか。

▶ 「生」という言葉から何を連想しますか。また、「死」という言葉から何を
連想しますか。

　長い間懸案になっていた[1]臓器移植法案が成立し、脳死判定と臓器摘出は「脳死が人の死であると認容している提供者にのみ実施する」とした上で、脳死をも人の死とすることになった。

　この法律でいう死は、蘇生不可能な点としての死である。一方、生命現象としての死は、連続的なものであり、瞬間として定義することはできない。生命現象としての死が連続的なものである以上、法律上の死は、私たちの約束ごとという色彩が濃くなる。

　死の定義の歴史を振り返ってみると、心臓の拍動の停止を主にした、いわゆる[2]三兆候による死の判定がなされるようになったのは、それほど古いことではない。

　それまでは、周囲の人の感覚に頼っていたので、まだ死んでいない人を埋葬してしまうということが、時たま起こった。心臓の停止をたしかめてから埋葬するということは、このような痛ましいできごとを防ぐためにも大きな意味があったのである。

　ところが、臓器移植という技術が開発されたことによって、心臓が止まる前に臓器を取り出して、他の人に移植する必要が生まれた。まだ、心臓が打っていて、生き生きとしている人のからだから臓器を摘出するというのである。

　もし、臓器を摘出される人が生き返る見込みがないのであれば、その臓器によって瀕死の患者を救えることはすばらしいことであろう。しかし、過半数の人が脳死を人の死と認めることに反対している。

　何が人々をためらわせるのであろうか。私はそのもっとも大きなものは、科学に対する人々の不信感であろうと思っている。

　科学はものごとを部分にわけて考え、全体としてみることをしない。科学は情

---

[1] **臓器移植法**　脳死者からの臓器移植を可能とする法律。1997年7月成立、10月施行。2010年7月に改正臓器移植法が施行された。
[2] **三兆候**　「心拍動の停止」「呼吸停止」「瞳孔散大及び対光反射の欠如」の三点からなる死の判定基準。

緒的なものの価値を認めない。人間についていえば、からだを器官という部品の集まりと考え、悪くなった部品は使えるものと取り替えればよいと考える。

　移植医たちは、救うべき患者の手術を成功させることに最大の努力を払い、臓器提供者は、死体として、すなわち価値のないものとして粗末に冷たく扱われるのではないか。まして、脳死に陥った人に近しい人の気持ちをおもんばかったり、その人たちの希望に添うというようなことはしてくれないのではないか。

　元気であった肉親が突然、脳死と診断され、眠っているとしか見えないのに、そのからだから臓器が摘出されるということに、私たちは情緒的に耐えることができるであろうか。科学はこのような感情を非科学的であるという理由のもとに無視するのではないか。このような危惧を多くの人が抱いていると思う。

　事実、日本の臓器移植の歴史のなかでは、このような疑いを抱かせることが何度かおこっている。そして、それについて一般の人々が納得するような説明も反省も医療側からは示されていないと私には思えるのである。

　近年、科学は大きな成果をあげ、正確さという意味では絶大な信頼を勝ち得ている。医学や生命科学など、いのちを扱う学問も例外ではない。その結果、私たち人間がすべてを支配しているような錯覚に陥り、非常に傲慢になっているのではなかろうか。

　生命倫理学で、「滑り坂理論」と呼ばれているものがある。人間が人間を操作しはじめると、次々と拡大解釈され、坂を滑りはじめたときのように歯止めがきかなくなるというのである。私たちは科学や医療に対して、このような危険性も感じている。

　さらに、何かを成し遂げる快感や功名心が人の視野を狭くし、判断を狂わせるものであるということも私たちは知っている。

　これらの問題は、いずれも力を得た人の視野が狭いときにおこる。ほんとうに広い視野に立って、ことがとりおこなわれるということが確信できれば、私たち

はその人を信用するのではなかろうか。

　現在の科学は、その視点を限りなく細部に向けている。しかし、ものごとの細部を調べたら、そこで得られた知識をふたたび統合しなければならない。統合して広い視野で見直すという過程を経てはじめて、ものごとの全体像がつかめるのである。

　死については、ようやく細部が調べられはじめたところであり、統合はほとんどおこなわれていない。私は、生命科学の視点から、死の細部について調べ、『われわれはなぜ死ぬのか』という本のなかでできるかぎりの統合を試みた。

　このような死の分析と統合によって浮かび上がるのは、人間という存在そのものである。科学は、情緒的なものは分析不可能なものとして排除する傾向が強い。しかし、統合という過程を経ることによって、情緒的なものもふたたび取り戻すことができる。科学は非情な荒々しいものと思われるかもしれないが、分析と統合によって科学をきわめたところには、詩的で宗教的な世界がたちあらわれる。

　では、死とは何であろうか。

　私たちが死という言葉を聞いて思い起こすことは何であろうか。「生の終わりの一点」というようなイメージを想起する人が多いのではなかろうか。

　しかし、生命科学の立場から死というものを考えると、死とはけっしてそのようなものではないことがわかる。

　地球上に生命が誕生してから36億年の時間が流れているが、死にも36億年の歴史がある。生命の起源とおなじように死の起源があり、死もまた進化するものである。

　多細胞生物である私たちは、受精の瞬間から死に向けて時を刻みはじめ、かならず死ぬようにプログラムされて生まれてくる。

　一方、からだのなかには、生殖細胞と呼ばれる一群の細胞があって、この細胞は子供から孫へと連続していく。私もまた親の生殖細胞からできたのであり、そ

の細胞は 36 億年のいのちをつないできた細胞である。私たちのからだを構成している一つひとつの細胞は、36 億年の歴史をもっているのである。私たちが一人の人間として考えるときには、死は生き返ることのできない限界点であるが、からだのなかでは、それは一生をかけた連続的なプロセスである。私たちは毎日

5 少しずつ死んでいく。

　生命科学的に見た死は非常にダイナミックなものであり、生と表裏一体となっている。死をこのように捉えなおしてみると、私たちがこれまでに考えてきた死というものは、死の諸相のほんの一面に過ぎないことがわかる。

　死を穿つことによって、36 億年の歴史をもつもの、また、死ぬようにプログ

10 ラムされたものとしての人間が浮かび上がってくる。

出典：柳澤桂子「科学が踏みにじる死」『生と死が創るもの』

安楽死

　「安楽死」には「積極的安楽死」と「消極的安楽死」があります。

　「積極的安楽死」は、「回復不可能な傷病のため、耐えがたい心身の苦痛を伴う患者の意思に応じて、医師が患者を薬物投与によって死にいたらしめる」ことです。日本ではこの「積極的安楽死」は法的に認められていませんので、これを行った医師は殺人罪となります。現在、オランダやベルギー、スイス、アメリカのいくつかの州などでは認められており、「積極的安楽死」のためにそれらの国へ行く人々もいます。

　「消極的安楽死」は、「患者本人の自発的な意思に応じて、あるいは、患者本人の意思表示が不可能な場合は患者の家族の要求に応じて、医師が延命治療を行わず、結果として死にいたらしめる」ことです。日本でもこの「消極的安楽死」は罪にはなりません。

　「積極的安楽死」も「消極的安楽死」も、私たち一人ひとりにいずれは関わってくる遠くて近い問題です。自分がその立場になったら、どうしますか。

≫ 内容確認1

文章の内容と合っているものに ○ を、合っていないものに ✕ をつけなさい。

1. （　　　） 医師が脳死であると判定さえすれば、臓器摘出を行ってよい。

2. （　　　） 臓器移植は、心臓が止まってから臓器を取り出して、他の人に移植するものである。

3. （　　　） 脳死を人の死として受け入れることに、反対している人は少なくない。

4. （　　　） 科学は正確さという意味では高い評価を得ているが、情緒的なものの価値を認めず、排除しようとする。

5. （　　　） 現在の科学は、その視点を限りなく細部に向けており、そういった分析により、より一層の発展が望まれる。

6. （　　　） 私たち、多細胞生物は受精の瞬間から毎日少しずつ死んでゆくようにプログラムされている。

7. （　　　） 生命科学的な死とは、生き返ることのできない限界点である。

≫ こ と ば

懸案	臓器移植	摘出	蘇生	約束ごと
色彩	拍動	兆候	埋葬する	痛ましい
見込み	瀕死	ためらう	不信感	情緒
粗末	陥る	おもんばかる	添う	危惧
錯覚	傲慢	倫理	歯止め	功名心
狂う	統合	全体像	浮かび上がる	排除する
きわめる	想起する	生命の起源	受精	刻む
生殖細胞	一群	ダイナミック	表裏一体	捉える
諸相	穿つ			

ことばの練習

□□□ の中のことばを適当な形に変えて（　　　　）に入れなさい。

倫理	兆候	瀕死	ためらう	表裏一体
添う	刻む	危惧	きわめる	おもんばかる
狂う	懸案	全体像	歯止め	

1. 以前から（　　　　　　　　）になっていた問題がようやく解決したので、プロジェクトのメンバーは皆ほっとした。

2. 動物の遺伝子を操作して生命を誕生させるのは、（　　　　　　　）上問題があると考える人が多い。

3. 戦争のような異常な状況は、人々の正常な判断を（　　　　　　　）ことがある。

4. 大雨で避難指示が出ていたが、避難を（　　　　　　　）うちに道路が冠水して逃げられなくなってしまった。

5. 遭難し、発見された時は（　　　　　　　）の状態だったが、手厚い治療を受けて数ヶ月後に元気になった。

6. 伝統工芸の分野で人間国宝に認定されるほど技を（　　　　　　　）人の作品は、値段がつけられない。

7. ギャンブルに溺れる人は、初めにギャンブルに勝って楽しくなり、何回も通ううちに（　　　　　　　）がきかなくなるようだ。

8. かわいさ余って憎さ百倍という。愛と憎しみは（　　　　　　　）なのかもしれない。

9. 相手の気持ちを（　　　　　　　）ことなく、言いたい放題言っていると、誰も相手にしてくれなくなる。

10. 先方の意向に（　　　　　　　）、会談の場所を設定した。

11. 多くの人がこのままでは会社が倒産するのではないかという（　　　　　　　）を抱いていたが、誰も何も言わなかった。

>> **表　現**

A ~としての~

1. あの頃の僕はキャプテンとしての自覚が全くなかったと反省している。

2. このカメラ付き掃除ロボットは、ホームセキュリティとしての機能も備えている。

3. ＿＿＿＿＿＿＿＿＿には＿＿＿＿＿＿＿＿＿＿＿＿としての役割がある。

B もし~ば、~だろう。しかし、~

1. もし環境破壊がこのまま続けば、人類は滅亡するだろう。しかし、人類が過ちに気づき、行動を起こしさえすれば、回避することができる。

2. もし私が決めてもいいのであれば、この計画は中止にするだろう。しかし、決定権は彼女にあるのだから、彼女の決定に私は従う。

3. もしこの技術が実用化されれば、＿＿＿＿＿＿＿＿＿＿＿＿＿だろう。

  しかし、＿＿＿＿＿＿＿＿＿＿＿＿＿＿＿＿＿＿＿＿＿＿。

C ~。まして、~

1. ディズニーランドは平日でも人がいっぱいだ。まして、土日は大混雑だ。

2. 新入社員でもできたんだよ。まして、入社3年の君なら絶対にできるよ。

3. このコースはプロでも難しい。まして＿＿＿＿＿＿＿＿＿＿＿＿。

D ~。事実、~

1. 会議では彼にこのプロジェクトのリーダーは無理だという意見が出た。事実、彼は過去に何回か大きな失敗をしている。

2. 漢字検定1級合格はかなり難しい。事実、前回の合格率は7%だった。

3. この山は登山家に悪魔の山と恐れられている。事実、＿＿＿＿＿＿＿＿＿

  ＿＿＿＿＿＿＿＿＿＿＿＿＿＿＿＿＿＿＿＿＿＿＿＿＿＿＿。

≫ 内容確認2

次の質問に答えなさい。

1. 筆者によると、過半数の人が脳死を人の死と認めることに反対するのはなぜですか。

2. 科学は大きな成果をあげていますが、筆者はどのような危惧を抱いていますか。

3. 生命科学の立場から考えると、死とはどのようなものですか。

4. 臓器提供が可能になるのはどういう場合ですか。調べてみてください。

iPS 細胞

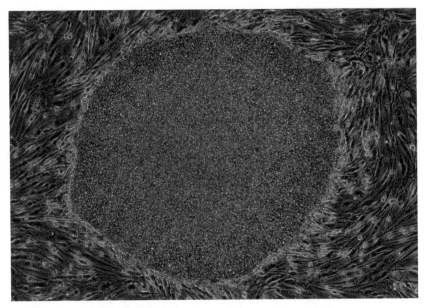

線維芽細胞から樹立したヒト iPS 細胞のコロニー（集合体）

▶ 「iPS 細胞」を知っていますか。

▶ イモリのしっぽを切ったらどうなりますか。

　iPS細胞は、あらゆる細胞になれる能力をもち、もとは皮膚の細胞からつくられたものである。だが本来、細胞は一度"運命"が決まってしまったら、ほかの細胞になることはできない。

幹細胞とは何か？

　iPS細胞の正式名称は「人工多能性幹細胞」。人工的につくられた、多能性を持つ幹細胞という意味だ。つまり、iPS細胞は「幹細胞」の一種である。

　幹細胞は、異なる種類の細胞になれると同時に、自らの数を増やすこともできる、体の中でも"特別な細胞"だ。

　幹細胞の能力は、さまざまに異なる。イモリやプラナリアのような、高い再生能力を持つ生き物と、ヒトのように再生能力に劣る生き物の違いの秘密も、幹細胞にあるという。ではiPS細胞は、いったいどのような幹細胞なのだろうか？

イモリは脚を、プラナリアは全身を再生できる

　人間の手足は、一度失ってしまえば、二度と生えてくることはない。大人の歯も、抜けてしまえば二度と生えてこない。もしヒトが、失った体の一部を自ら再生できる生き物だったとしたら、「義手」や「義足」、「入れ歯」などはすべて不要になるはずだ。

　自然界には、生まれつきこうした再生を得意とする生き物がいる。代表的なのは、小川などに住む両生類の「イモリ」だ。大人のイモリは、脚や尾を切断しても、数か月で元どおりに再生する。眼のレンズも再生可能だ。幼生のイモリは、なんと脳さえも再生できるという。

　さすがのイモリも、胴体を真っ二つに切りはなしてしまっては、もはや再生できない。ところが自然界には、それすらも可能な「再生のチャンピオン」がいる。川や池などに住む体長約1センチメートルの生物、「プラナリア」だ。

　1匹のプラナリアの胴体を、いくつもの断片に切り分けると、それぞれが1匹

のプラナリアとして再生する。たとえば、頭を失ったプラナリアは頭を再生し、逆に頭のみになってしまったプラナリアは、頭より下の部分を再生するのである。驚くことに、もとの体のたった279分の1しかない小さな断片から、1匹のプラナリアが再生したという記録さえあるのだ。

5 　プラナリアは、一定の大きさになると、自ら前後二つの断片にちぎれて2匹のプラナリアになる。つまりプラナリアにとって、再生とは、増殖するための一つの手段なのだ。なお、環境次第では、卵と精子をつくって子供をつくることもある。

ヒトの体の再生能力はきわめて限定的だ

10 　われわれヒトの体は、イモリやプラナリアとは異なり、再生を行うことがまったくできないのだろうか？

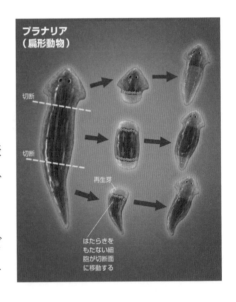

　実は、ヒトの体も日々、再生されている。たとえば、私たちの皮膚の表面にある「表
15 皮細胞」は、数十日たつと表面からどんどん脱落していく。これが「あか」である。この脱落分を再生しないかぎり、表皮はどんどん薄くなり、やがて表皮はなくなってしまうだろう。

20 　皮膚の中には、この日々消えゆく表皮細胞を再生するための細胞がある。この細胞は、分裂して数を増やし、その一部が表皮細胞に変化する。こうして脱落分が補われ、表皮が保たれている。

　転んでできるすり傷は、いつの間にかきれいに治っている。折れた骨も、数か月たてばつながる。もちろん、つめや髪の毛は、切ってもまた生えてくる。私た
25 ちヒトの体も、一応はこうした再生能力をもっている。

　しかし、ヒトの再生能力には、やはり限界がある。ヒトは、手足どころか、1

本の指すら再生できない。機能を失った腎臓や肝臓を、まるごと再生することも
できない。ヒトを苦しめる病気のすべては、ヒトの再生能力のとぼしさがもたら
しているといっても、決して過言ではない。

　ヒトはなぜ、イモリやプラナリアにみられる高度な再生ができないのだろう
5　か？　そのカギをにぎるのが、「幹細胞」とよばれる細胞だ。

再生の能力は「幹細胞」しだい

　切っても切っても再生できるプラナリアと、指 1 本さえ再生できないヒト。いっ
たい何が、この差をもたらしているのだろうか？

10　その答は、「幹細胞 (stem cell)」にある。幹細胞とは、「失われた何かになれ
る細胞」のことだ。樹木の幹 (stem) から枝や葉が派生するように、幹細胞からも、
何種類かの細胞が派生するのである。

　幹細胞は、プラナリアとヒトのどちらの体にも含まれている。だが、その能力
は大きく異なる。

15　プラナリアの体には、一見何の働きもしていない小さな細胞があちこち散ら
ばっている。これが幹細胞だ。プラナリアの体を切断すると、体中の幹細胞が筋
肉や神経、腸などをつくる細胞になり、失った部分を補う。

　ここで重要なのは、プラナリアの体にある幹細胞が、「どんな細胞にもなれる」
という点だ。この性質を、生物学では「全能性 (totipotent)」とよんでいる。こ
20　の全能の幹細胞をもつおかげで、プラナリアは体のどの部分を失おうと再生でき
るのだ。

　一方、ヒトの体も幹細胞を持っている。ただし、体の場所ごとに、異なる種類
の幹細胞がある。たとえば、腸には腸の幹細胞があり、皮膚には皮膚の幹細胞が
あり、毛には毛の幹細胞がある、といったぐあいだ。

25　ところが、こうしたヒトの体にある幹細胞は、プラナリアの幹細胞のように全
能ではない。たとえば、皮膚の幹細胞は皮膚の細胞にはなれるが、筋肉や神経の

細胞にはなれないのだ。こうした幹細胞の能力の差が、ヒトとプラナリアの再生
能力に違いをもたらしているのである。

受精卵はヒトの「全能性細胞」

5　ヒトという生物にも、どんな細胞にもなれる「全能性」の細胞は存在する。母
親の体の中に存在する受精卵である。私たちが新生児として誕生する前、元をた
どっていくとたどりつく、たった一つの細胞だ。約37兆個もの細胞からなると
いわれるヒトの体も、おおもとはたった一つの受精卵が分裂してできたものだ。
　細胞の分裂は、ただ単純に数を増加させるためのものではない。一つの受精卵
10　は、最終的に約270種類という違った機能をもった細胞へと枝分かれしていく。
細胞は分裂していく過程で特殊化していき、たがいに結合して組織をつくり、器
官となる。
　京都大学iPS細胞研究所所長の山中伸弥博士らがつくりだしたiPS細胞は、
枝分かれして特殊化した細胞の状態を、この受精卵に近づけた細胞である。

15

初期胚の状態にもどした細胞が「iPS細胞」

　全能性をもつ受精卵に対して、山中博士らがつくった「iPS細胞（induced
Pluripotent Stem cell：人工多能性幹細胞）」は、その名の通り、「多能性」を
もつ幹細胞である。同じく多能性をもつ「ES細胞（Embryonic Stem cell：胚
20　性幹細胞）」もあわせて、受精卵と多能性幹細胞の違いをみてみよう。
　受精卵が2個、4個、8個と分裂し、約100個の細胞のかたまりになった胚（初
期胚）を「胚盤胞」という。その内側の「内部細胞塊」は、体のどの部分にもな
れる能力を持つ（ただし胎盤にはなれない）。
　この内部細胞塊の細胞を取りだして、特別な条件下で試験管の中で培養したも
25　のが「ES細胞」である。試験管の中で無限に増殖することができ、さらに体を
作るどの細胞にもなれることから、"万能細胞"とよばれてきた。しかし、胚を

6章

こわしてつくる点について、倫理的な問題があることを懸念する人々がいる。また、他人に移植をすると拒絶反応がおきる心配がある。

　一方、iPS 細胞は、成長途中の胚から取りだすのではなく、大人や子供の皮膚などの細胞を遺伝子操作して、人工的につくった多能性幹細胞だ。いわば、細胞の時計の針を巻きもどすのである。

　その方法は、4 個の遺伝子を皮膚などの細胞へと送りこみ、初期胚の状態へと「初期化」するというものだ。胚をこわす必要がない点と、自分の細胞からつくれるため拒絶反応の心配がない点で、ES 細胞よりも優れている。

　ES 細胞と iPS 細胞は、つくられ方は異なるが、見た目や能力はそっくりであり、ほとんど区別できない。

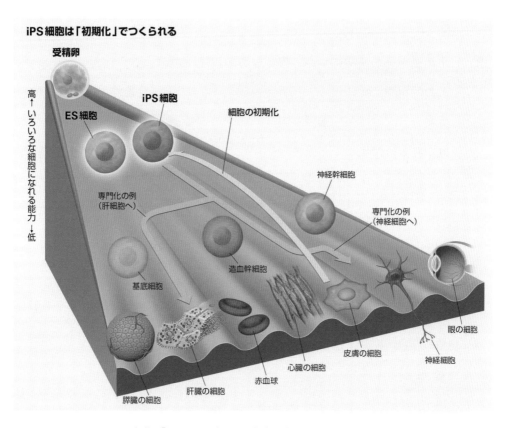

出典：『Newton 別冊　山中伸弥教授が語る　最新 iPS 細胞』2018 年 3 月発行
（出典元の文章を改変している部分があります。また出典元にあっても掲載していない
イラストがあります。）

>> 内 容 確 認

1. 「幹細胞」とは何ですか。

「幹細胞（stem cell）」……"特別な細胞"

= _____ 細胞

2. 再生能力と幹細胞の特徴をまとめなさい。

	プラナリア	ヒ ト
再生能力	高度な再生ができる	① _____ 的な再生しかできない
幹細胞の特徴	②「_____」をもつ ⇒ _____	③「_____」をもたない ⇒ _____

3. ヒトの受精卵の特徴について書きなさい。

ヒトの受精卵は① _____「全能性」をもち、分裂

して② _____ 種類もの③ _____ 細胞へと

枝分かれし特殊化して、様々な④ _____ となる。

4. 「iPS 細胞」と「ES 細胞」についてまとめなさい。

		ES 細胞	iPS 細胞
共通点		① _____	
異なる点	作り方	②	③

		ES 細胞	iPS 細胞
異なる点	倫理的な問題	④	特に問題はない
	拒絶反応	⑤	⑥

5. 次のキーワードを用いて、全体を要約しなさい。
　　【　再生・幹細胞・受精卵・iPS 細胞・ES 細胞　】（順不同）

6. iPS 細胞によって、今後どのようなことができるようになると思いますか。
　　また、iPS 細胞を活用する医療にはどのような課題がありますか。調べてみ
　　てください。

Chapter 3

ディベート

肯定派？ 否定派？

　ディスカッションとは違い、ディベートは元々の考えとは関係なく、賛成・反対に分かれて意見を主張することで論理的な思考力を養う競技です。話す順番や時間が決まっており、審判が勝敗を決めます。

　ここでは、3人のグループ（肯定派、否定派、審判）で、ミニ・ディベートを体験してみましょう。

【準　備】

　① 論題を決める。② 3人一組のグループを作り、肯定派、否定派、審判をくじなどで決める。③ ワークシートに記入し、考えをまとめる。④ 審判はタイムを計る用意をする。

【ミニ・ディベート】

　① 肯定派が肯定する理由を述べる。（1分間）

　② 否定派が否定する理由を述べる。（1分間）

　③ 肯定派が質問・反論する。（1分間）

　④ 否定派が質問・反論する。（1分間）

　⑤ 肯定派がまとめを述べる。（1分間）

　⑥ 否定派がまとめを述べる。（1分間）

　⑦ 審判が勝敗を決める。その判断の理由も述べる。

　⑧ 良かった点、悪かった点を3人で話し合う。（3分間）

◆ 論題と役割を変えて、さらにディベートを行いましょう。

論題例：高校生に制服は必要ない / 救急車の利用は有料化すべきだ / 定年制は廃止すべきだ /
　　　積極的安楽死を認めるべきだ / ベーシックインカムを導入すべきだ

ディベート　ワークシート

論　題	
氏　名（　　　　　　　　　　　　　　　）	肯定派　／　否定派

肯定または否定する理由

想定される質問や反論・それに対する答え

審　判　　　氏　名（　　　　　　　　　　　　　　　　）	
《 肯定派 》	《 否定派 》

《 肯定派 》				《 否定派 》			
論理性	1　2　3			論理性	1　2　3		
説得力	1　2　3			説得力	1　2　3		
話し方	1　2　3	計＿＿点		話し方	1　2　3	計＿＿点	

勝　者　　　　　　　　　　理　由

＿＿＿＿＿＿＿＿＿＿派

7章

章

芸術学の扉

Chapter 1

アニメ界の巨匠たち

《 鳥獣人物戯画 甲巻 》部分　栂尾山高山寺蔵

▶ これは日本最古の漫画と言われている絵巻物の一場面です。動物たちは
何をしていると思いますか。

▶ 好きな漫画やアニメの作品がありますか。その作品のどんなところが好
きですか。

　スタジオジブリのプロデューサーとして映画監督・宮崎 駿、高畑 勲と長き
を共にしてきた鈴木敏夫さん。徳間書店時代は、マンガ雑誌、アニメ雑誌を手掛
ける中で、手塚治虫とも長く関わりを持っていたという。人間味あふれる手塚治
虫のエピソードの数々を披露してもらった。また、手塚が『ライバル視』してい
5　た宮崎監督と、その師・高畑監督についても語ってくれた。

　手塚治虫っていう人は……本当におもしろい人
ですよね。

鈴木敏夫氏

10　**手塚治虫の担当編集者を務める中で、学んだことが
2つあるという。**

　　1つが原稿料のこと。当時の徳間書店は漫画家と
のつきあいがなかったから、原稿料をいくらにした
らいいかわからなくて。一流どころが1枚8万円くらいだったので、それだと困
15　るなあと思いながら先生に直接聞いてみたら「1万円でいいよ」とおっしゃって。
「先生のキャリアでは安いんじゃないですか？」って言ったら、「安いと、また
君みたいな編集者が現れて仕事の注文をくれるだろう？　原稿料が高いと、二度
とこないよ。単行本で稼げるしね」と。この人すごいなと思いましたね。
　　もう1つは、側に置く人が必ずしも優秀である必要はない、ということ。手塚
20　さんのマネージャーだったHさんが類を見ないくらいひどい人でねえ（笑）。「手
塚先生の漫画はみんな僕が原作を描いたんだよ」とか、でまかせばっかり言うん
です。だから僕、「ああいう人を側に置いておいていいんですか？」って先生に
訴えたんですよ。そうしたら、これまた丁寧に答えてくれる。「君ね、もしマネー
ジャーが優秀だったら、僕はどうなると思う？　忙しくてダメになっちゃうよ」っ
25　て。優秀ではないから、編集者たちに「Hさんに言っておいたのに全然やってく
れないじゃないですか！」って文句を言われた時にも「えっ、そうだったんです

か。なんで僕に直接言ってくれなかったんですか」と言える、と。「マネージャーが優秀でないことによって僕はバランスがとれてるんだよ」。そういう話を、原稿を描いている手塚先生の横に座っていつも聞いていました。勉強になったなあ。

5　アニメ雑誌『アニメージュ』を立ち上げてからも、手塚とのつきあいは続いたという。

　ある年に『アニメージュ』で1年を振り返る座談会をやろうということになったんですよ。のちに『機動戦士ガンダム』を作る富野由悠季さんとかアニメーション界の重鎮を呼んでね。

10　"美形キャラ"が流行っているという話題になって。主人公じゃないんだけれど脇にカッコイイのがいると作品に幅が出ていいんですよ、という話をしたら、手塚先生が「実にくだらんことが流行っているんだね。なげかわしいよ、君！」と怒ってね。そういう時にすごく反応が大きいんですよ（笑）。

　で、その日の夜に僕に電話がかかってくる。「美形キャラっていう話が出てき
15　たけれど、あれを描かせたらうまいやつはどこにいるんだい？　教えてくれ」と。あんなに怒っていたのに!?　と思いました。先生はその頃『火の鳥2772　愛のコスモゾーン』っていう映画を作っている最中だったんですよ。で、映画の中に、美形キャラが登場することになる（笑）。本当に貪欲な方だと思います。自分が一番でないと気が済まないところがありましたね。

20

宮崎駿に対しても、ライバル心を露わにしていたという。宮崎は1984年に劇場アニメ化される『風の谷のナウシカ』の原作となるマンガを、当時、『アニメージュ』に連載中だった。

　ある年、日本漫画協会の方から電話があって、今年の漫画賞は宮さん（宮崎駿）
25　の『風の谷のナウシカ』でいこうと思っている、と。あとは委員長の手塚先生の了解を得るだけなので、あらためて連絡をくれる、ということだった。そうした

『風の谷のナウシカ』宮崎駿

ら、夜中にまた電話があって、手塚先生が反対していると言われて。「『ナウシカ』
は素晴らしいと思うよ。しかしまだ完結していないよね？　完結していないもの
に賞を与えるのはどうかな」とおっしゃったと。でもそれまでにも完結していな
い作品に賞を与えるケースはあったので、それが理由ではないですよね（笑）。

　賞はもらえなかったけれど、僕は嬉しかった。宮崎駿のことを、手塚さんがライ
バル視したわけだから。

**アニメーション作家・手塚治虫を、プロデューサー・鈴木敏夫はどう見ているの
だろう。**

　手塚先生は、アニメーションでもお話を重視するタイプの人だったと思う。そ
の部分に関しては、やはり天才ですね。でもアニメーションとしていい動きをつ
けるとか、いい絵を描くとか、そちらは弱かったと思う。アニメーターたちがそ
れをやる余裕もないんですよ。先生がいつもギリギリまで絵コンテを描いている
から（笑）。1秒間に使う絵の枚数も、あえて少なくしたり、使いまわしをした

りして、形にできる方法を具体的に考え出した。宮さんや高畑（勲）さんは、枚数をたくさんかけて、映像を充実したものにしたい人ですね。

手塚にとって、アニメーションの仕事は、マンガの仕事とは違った意味合いを持つものだったようだ。

　手塚さんがこんなことを言っていたのがすごく印象に残っていて。「僕のマンガのアシスタントは、みんなライバルなんだよ。でもアニメのスタッフは、ライバルじゃない。僕の作品をアニメーション化してくれる、僕の大事な人たちなんだ」って。

ちなみに、宮崎監督は手塚治虫が自分をライバル視していたことを知っていたのだろうか。

　はい。僕が伝えましたから。でも宮さんは何も反応しなかったですよ。内心は嬉しかったと思いますけどね。宮さんは、手塚先生の『新寶島』にすごく影響を受けて、精神的支柱だったと言っていたけれど、自分は自分でありたいと思っていたはず。だから、僕の前で喜んだりはしなかった。前にね、僕が『新寶島』の復刻版を持っていたことがあるんです。そうしたら宮さんが「鈴木さん、それ隠しておいて。見たくないから」と言った。あんなに大好きだったマンガなのに、読み返したり、集めたりしないんですよね。自分の頭の中にある『新寶島』の素晴らしい世界が壊れるのがいやなんだと思う。

Ⓒ手塚プロダクション・酒井七馬

『新寶島』
原作・構成／酒井七馬　作画／手塚治虫

手塚に対しての宮崎監督の気持ちは明快だったという。

　初期の作品に関しては、大尊敬。創作者の自分を生み出すのに影響を与えた人。でも、手塚先生の作るアニメーションは許せなかった。きちんと時間と予算をかけて作ろうとしないから。

5　でもまあ……僕に言わせると、二人は似ていますよ。次から次へとアイデアが出てくるところなんかもね、武芸者じゃないけれど、一瞬のことなんです。宮さんの映画は、何度も話し合って作るわけじゃないんですよ。大体 5 分くらいで生み出しますよね。で、それがおもしろかったりする。あの集中力はすごいですね。あとね、手塚先生にも宮さんにも愛嬌がある。憎めないんですよ。むちゃくちゃ

10　なことも言うんだけれど、笑顔が素晴らしいから許してしまう。二人とも、生まれたまんまで大人になったような人です。

アニメーション制作で宮崎監督が強く影響を受けたのは、やはり高畑勲監督だ。スタジオジブリを立ち上げる前から現在まで約 50 年、その背中を追い続けてき

15　**た。**

　宮さんって、実は締め切りをすごくきちんと守る人なんですよ。『ナウシカ』を連載していた時も、遅れたことは一度もない。それは、高畑さんの影響なんです。

　僕が出会う前、若い時に二人は組んで『太陽の王子ホルスの大冒険』っていうアニメーションを作ったんですけど、高畑さんは 1 年で完成させる予定を 3 年

20　まで延ばした（笑）。会社と大喧嘩して、できないなら制作中断だ、って言われた時に、宮さんは泣いちゃったそうなんです。でも、高畑さんは「ここまで作ったんだから、絶対また再開するよ」って平気な顔で。宮さんは「この人は一体なんなんだ」って思ったそうです。その時にね、もし自分に締め切りのある仕事がきたら、絶対に守ろうって決めたらしいんですよ。

25

クオリティを追求するために、多くの人に迷惑をかけ続ける高畑監督の姿が、宮崎監督は「怖かった」のだという。

　だから宮さんは今でも、このままでは間に合わないと分かると、締め切りを守るために、壮大なシーンを削ってしまう。『ナウシカ』だって、絵コンテでは巨神兵と王蟲が戦うシーンがあったりしたんですよ！後に『エヴァンゲリオン』を作り『シン・ゴジラ』を作った庵野秀明がスタッフのひとりとして『ナウシカ』に参加していたんですが、彼はいまだに「自分が描きたかった」と口惜しそうに当時を振り返ります。むろん、宮さんだって好んでそうした訳じゃない。熟慮の末の決断でした。高畑さんは、そういう意味では強い人ですよねえ。クオリティを保つことを優先させられる。

　『アルプスの少女ハイジ』のプロデューサーに「なぜ1週間に1本作らなければならないのか」と言ったのを宮さんは横で聞いていたそうです。毎週放送するアニメなんだから当然なのに、高畑さんはそういうことを言う。自分は普通だと思っているんですよね。世の中がおかしいと思っている（笑）。

今現在、宮崎監督は高畑監督のことをどう見ているのだろう。

　今はどうなんですかねえ。でもいまだに宮さんと話していると、どんな時でも高畑さんの話になりますね。『おもひでぽろぽろ』（高畑監督作品）の時に、宮さんが初めて高畑さんについて書く機会があったんですけど、短い文章を書くのに、1年もかかった。ああでもない、こうでもないって、いっぱい書いていましたよ。結局、高畑さんに比べれば僕なんて本当にいい人だ、みたいな尊敬と同時にうらみつらみが書いてある文章になりました（笑）。

『かぐや姫の物語』高畑勲

　あとね、これはちょっと普通の人にはわからない感覚だと思うんですけど、二人きりになった時に「鈴木さんさ。パクさん（高畑監督）の元から、いろんな人が去っていったでしょう。残ったのは俺一人だよね」って本当に嬉しそうに自慢したりするんですよ。

宮崎駿から高畑勲への深い愛情を感じずにはいられない。

　うん、宮さんは高畑さんを愛しているんでしょうね。「ぼくの見る夢はいつもひとつしかない。パクさんが出てくるんだ」って言っていたこともある。ところが、片思いなんですよね……高畑さんていうのはひどい男ですよ（笑）。

　でもね。手塚さんにしても、宮さんにしても、高畑さんにしても……結局僕は、ああいう人たちが、好きなんです。

取材・構成／門倉紫麻

出典：『手塚治虫文化賞 20 周年記念MOOKマンガのDNA —マンガの神様の意思を継ぐ者たち— 』
（2016 年に行われたインタビューを一部抜粋編集して掲載しています。）

内容確認 1

文章の内容と合っているものに ○ を、合っていないものに ✕ をつけなさい。

1. （　　　）手塚は一流ではなかったので、鈴木に高い原稿料を要求しなかった。

2. （　　　）手塚は鈴木にマネージャーは優秀な人に限ると言った。

3. （　　　）手塚は『火の鳥 2772　愛のコスモゾーン』という映画の制作当初から美形キャラを登場させていた。

4. （　　　）手塚は、『風の谷のナウシカ』はまだ完結していないため、それに漫画賞を与えるのは反対だと言った。

5. （　　　）手塚と宮崎ではアニメーションの映像制作に対する姿勢が違う。

6. （　　　）宮崎は手塚にライバル視されたことを鈴木の前では喜ばなかった。

7. （　　　）鈴木は手塚と宮崎には共通点があると感じている。

8. （　　　）高畑は必ず締め切りを守るので、宮崎も守るようになった。

9. （　　　）高畑は作品のクオリティを優先させようとするあまり周囲に迷惑をかける。

10. （　　　）宮崎が高畑に愛情を持つのと同じように、高畑も宮崎のことを考えている。

こ と ば

人間味	一流どころ	単行本	類を見ない	でまかせ
重鎮	キャラ	幅が出る	くだらない	なげかわしい
貪欲	気が済む	露わ	あらためて	絵コンテ
あえて	使いまわし	形にする	内心	支柱
明快	愛嬌	憎めない	壮大	削る
いまだに	熟慮	うらみつらみ	片思い	

≫ ことばの練習

□□□ の中のことばを適当な形に変えて（　　　　）に入れなさい。

内心	支柱	でまかせ	気が済む	なげかわしい
熟慮	貪欲	形にする	幅が出る	あらためて
削る	あえて	憎めない	類を見ない	うらみつらみ
露わ	訴える	人間味		

1. お忙しそうなので、後日（　　　　　　　　）伺います。

2. 紙面のスペースの関係上、原稿を 1 ページ分（　　　　　　　　　）必要がある。

3. 彼女は講義後の教授を質問攻めにしたり閉館まで図書館で論文を読みあさったりして、（　　　　　　　　）知識の吸収に努めた。

4. カンニングで停学になるなんて、実に（　　　　　　　　）と祖父に言われた。

5. 彼女には迷惑ばかりかけられているが、あの笑顔を見るとなぜか（
　　　　　　　）。

6. 彼の差別的な発言を聞いた女性たちは、嫌悪感を（　　　　　　　　）した。

7. 警察に（　　　　　　　　）を言ったばかりに追及されて大変な目に遭った。

8. 飲み会の席で同僚に、上司への日頃の（　　　　　　　　）をぶちまけた。

9. 父は苦労のない楽な道を選ばずに、（　　　　　　　　）いばらの道を歩んできたようだ。

10. これほど保存状態の良い遺跡は他に（　　　　　　　　）。

11. 長年取り組んできたこの研究をなんとか（　　　　　　　　）、発表したい。

12. 少々欠点があるほうが（　　　　　　　　）があっていいです。

13. あの女優は前作で難しい役を演じてから、演技に（　　　　　　　　）きた。

14. 課長は何でも自分でやらないと（　　　　　　　　）ところがある。

15. その知らせを聞いた時、顔には出さなかったが、（　　　　　　　　）かなり動揺した。

>> 表　現

A ～でいく

1. オーディションでの彼の演技力には感服した。映画の主役は彼でいこう。

2. 今後我が社は国内向けの生産を減らし、海外展開を進める方向でいくつもりだ。

3. 今年の学祭にうちのサークルが出す模擬店は＿＿＿＿＿＿＿＿＿＿＿＿＿

　　＿＿＿＿＿＿＿＿＿＿＿＿＿＿＿＿＿＿＿＿＿＿＿＿＿＿＿＿＿。

B ～はどうか

1. 子供がほしがるまま、お菓子やおもちゃを買い与えるのはどうかと思う。

2. 今時、校則で靴下の色や長さまで規制するのはいかがなものでしょうか。

3. 人が見ていないからといって、＿＿＿＿＿＿＿＿＿＿＿＿＿＿＿＿＿。

C ～わけだから

1. 古いおもちゃを捨てた彼女を責めるのはかわいそうだ。プレミアムがついていたなんて知らなかったわけだから。

2. 年金制度の改革は若者にとっても大問題でしょう。将来、もらえる金額が変わるわけですから。

3. 彼が怒るのは当然だ。＿＿＿＿＿＿＿＿＿＿＿＿＿＿＿＿＿＿＿＿。

D ～でありたい／～であってほしい

1. 年をとっても、好奇心を持ち、新しいことに挑戦する人間でありたい。

2. 国際情勢が不安定な時代だからこそ、交渉力のある政府であってほしい。

3. 人の上に立つ者は、＿＿＿＿＿＿＿＿＿＿＿＿＿＿＿＿＿＿＿＿＿＿。

>> **内容確認 2**

次の質問に答えなさい。

1. 手塚は原稿料が安いことと、マネージャーが優秀ではないことにはそれぞれどんなメリットがあると言っていますか。

2. 鈴木は手塚が宮崎駿の漫画賞受賞に反対した本当の理由は何だと思っていますか。

3. 宮崎は手塚の作品についてどう考えていましたか。

4. 鈴木は手塚と宮崎の共通点は何だと考えていますか。

5. 宮崎は、高畑の元に自分一人が残ったことを、なぜ嬉しそうに自慢するのだと思いますか。あなたの考えを書きなさい。

Chapter 2

余白の美学

▶ 美術館に行ったことがありますか。そこでどんな作品を鑑賞しましたか。

▶ 日本のいろいろなデザインの中で気に入っているものがありますか。
　1つ挙げてください。

　[1]千利休（せんのりきゅう）の朝顔をめぐるエピソードは、比較的よく知られた話であろう。利休は珍しい種類の朝顔を栽培して評判を呼んでいた。その評判を聞いた[2]秀吉（ひでよし）が実際に朝顔を見てみたいと望んだので、利休は秀吉を自分の邸に招く。ところがその当日の朝、利休は庭に咲いていた朝顔の花を全部摘み取らせてしまった。やって来た秀吉は、期待を裏切られて、当然不機嫌になる。しかしかたわらの茶室に招じ入れられると、その床の間に一輪、見事な朝顔が活けられていた。それを見て秀吉は大いに満足したという。

　このエピソードに、美に対する利休の考えがよく示されている。庭一面に咲いた朝顔の花も、むろんそれなりに魅力的な光景であろう。しかし利休は、その美しさを敢えて犠牲にして、床の間のただ一点にすべてを凝縮させた。一輪の花の美しさを際立たせるためには、それ以外の花の存在は不要である。いやそれどころか邪魔になるとさえ言えるかもしれない。邪魔なもの、余計なものを切り捨てるところに利休の美は成立する。

　だが庭の花を摘み取らせたことの意味は、余計なものの排除という点にだけ尽きるものではない。花のない庭というのは、それ自体美の世界を構成する重要な役割を持っている。期待に満ちてやって来た秀吉は、一輪の花もない庭を見て失望し、不満を覚えたであろう。茶室に入ったときも、その不満は続いていたはずである。そのような状態で床の間の花と対面したとすれば、何もなしに直接花と向き合ったときと較（くら）べて、不満があった分だけ驚きは大きく、印象もそれだけ強烈なものとなったであろう。利休はそこまで計算していたのではなかったろうか。

　つまり床の間の花は、庭の花の不在によっていっそう引き立てられる。このような美の世界を仮に一幅の絵画に仕立てるとすれば、画面の中央に花を置くだけでは不充分であり、一方に花が、そして他方に何もない空間が広がるという構図になるであろう。日本の水墨画における余白と呼ばれるものが、まさしくそのよ

[1] **千利休**　安土桃山時代の茶人。佗茶を完成（1522 ～ 1591）
[2] **秀吉**　豊臣秀吉。戦国・安土桃山時代の武将（1537 ～ 1598）

うな空間である。

　この「余白」という言葉は、英語やフランス語には訳しにくい。西洋の油絵では、風景画でも静物画でも、画面は隅々まで塗られるのが本来であり、何も描かれていない部分があるとすれば、それは単に未完成に過ぎないからである。だが例えば[3]長谷川等伯の《松林図》においては、強い筆づかいの濃墨の松や靄のなかに消えていくような薄墨の松がつくり出す樹木の群のあいだに、何もない空間が置かれることによって画面に神秘的な奥行きが生じ、空間自体にも幽遠な雰囲気が漂う。また、大徳寺の方丈に[4]探幽が描いた《山水図》では、何もない広々とした余白の空間が、あたかも画面の主役であるかのように見る者に迫って来る。

《松林図》長谷川等伯

　もともと余計なもの、二義的なものを一切排除するというのは、日本の美意識の一つの大きな特色である。[5]京都御所の紫宸殿の庭は、西欧の宮殿庭園に見られるような花壇や彫像や噴水はまったくなく、ただ一面に白い砂礫を敷きつめただけの清浄な空間であり、あらゆる装飾や彩色を拒否した簡素な白木造りの[6]伊

---

[3] **長谷川等伯**　桃山時代の画家（1539～1610）
[4] **探幽**　狩野探幽。江戸初期の画家（1602～1674）
[5] **京都御所**　京都にある旧皇居
[6] **伊勢神宮**　三重県伊勢市にある皇室の祖先をまつる神社。一定の周期で新しい神殿を造って祭神を移す式年遷宮の制度があり、20年ごとに社殿を建て替える。

勢神宮は、今日に至るまでもとのままのかたちで受け継がれ、生き続けている。伊勢神宮の式年造替（遷宮）が始まったのは紀元七世紀後半のこととされており、建物の原型もほぼその頃に成立したと考えられているが、当時日本にはすでに、大陸からもたらされた仏教が一世紀以上の歴史を経て定着しており、それにとも

5　なって「⁷青丹よし奈良の都」と言われる通り、多彩な仏教寺院建築も、奈良をはじめ日本の各地に建てられていた。仏教寺院の場合、建築工法も、柱を礎石の上に置き、屋根は瓦葺きという進んだやり方で、掘立柱、萱葺きの伊勢神宮より、保存性もはるかに高い（それゆえに、伊勢神宮は二十年ごとの建て替えが必要となる）。伊勢神宮でも、周囲にめぐらされた高欄の部分などに仏教建築の影

10　響が認められるから、その造営にあたった工匠たちが大陸渡来の新技術を知らなかったわけではない。だがそれにもかかわらず、日本人は敢えて古い、簡素な様式を選び取り、しかもそれを千三百年以上にわたって保ち続けた。そこには、余計なものを拒否するという美意識——信仰と深く結びついた美意識——が一貫して流れていると言ってよいであろう。

15　　もちろん、その一方で、仏教美術の隆盛に見られるように、壮麗多彩なものを求める美意識も、日本人の大きな特色である。絵画の分野においても、水墨画と

《 燕子花図屏風 》尾形光琳

⁷青丹よし　「奈良」にかかる枕詞。華やかな奈良の都の彩りを讃える意味を含むという説もある。

並んで、金地濃彩の大和絵や華麗な近世風俗画などに見られる装飾性が、日本美術の際立った特質であることは、たびたび指摘されてきた。実際、水墨画の本場である中国から見れば、日本美術はもっぱら華やかな飾りもののように見えたらしい。日本絵画について書かれた最も早い外国の文献である十二世紀初めの『宣和画譜』は、宋の[8]徽宗皇帝のコレクションが所蔵する日本の絵画作品について、「設色甚だ重く、多く金碧を用う」と評している。美術愛好家のこの皇帝の手に渡った日本の作品が実際にどのようなものであったかはわからないが、禁欲的な水墨画とは対照的に、華麗な装飾性に富んだものであったことは確かと言ってよいであろう。

だがその金色燦然たる作品においても、日本の場合、中心のモティーフ以外の余計なものはすべて拒否しようという意識が強く認められる。例えば、代表的な作例として、[9]光琳のよく知られた《燕子花図屏風》がある。西欧の画家なら、水辺に咲き誇る花を描き出そうとするとき、池の面、岸辺、土堤、野原、おそらく

「洛中洛外図屏風」部分

---

[8] **徽宗** 中国、北宋の第8代皇帝。芸術を好んだ。（1082 ～ 1135）『宣和画譜』は徽宗の時代に編纂された収蔵絵画の著録。
[9] **光琳** 尾形光琳。江戸中期の画家（1658 ～ 1716）

は空の雲など、周囲の状況を残らず再現しようとするであろう。現に私は、ある外国人から、このかきつばたの花はいったいどこに咲いているのかと尋ねられたことがある。だが光琳は、利休が庭の花を切り捨てたように、そのような周囲の要素はすべて排除してしまった。そのために用いられたのが、あの華やかな金地である。つまり金地の背景は、同時に不要なものを覆い隠す役割を与えられているのである。

　あるいは、近世初頭に多く描かれた [10]「洛中洛外図」がある。そこでは、二条城をはじめ、著名な神社仏閣などの名所、町並み、年中行事である祭りの情景などが描き出されているが、それぞれの場面は、金雲と呼ばれる雲型の装飾模様で取り囲まれていて、われわれはあたかも雲の間から京都の町を覗き見るというような印象を受ける。結果として、町のなかには大量の雲が漂うという状態で、これも外国人からしばしば質問を受ける点である。だが金雲によって縁取られているからこそ、中間のつなぎの部分は覆い隠されて、各場面が何を表しているかということがよくわかるのである。

　室内の情景を表したものとしては、これも江戸期に好んで描かれた「誰が袖図屏風」がある。これは衣桁にかけられた衣裳を中心の主題としたものだが、そ

「誰が袖図屏風」

[10] **洛中洛外図**　京都の市中とその郊外の様子を俯瞰的に描いた絵画。洛は都、特に京都の意。

の衣桁が置かれた室内の様子は、壁も畳も一切描かれていない。時には画面に双六盤やお盆の湯呑みのセットなど、人間の存在を暗示する小道具が描かれていることもあるが、登場人物の姿も消されてしまっている。このような「不在による存在の暗示」という手法は、日本美術の常套手段の一つで、「留守模様」という優雅な名称すら与えられている。そしてここでも人物の代わりに登場してくるのは、一面の金地表現である。

とすれば、このような金雲や金地は、もちろん一方で華やかな装飾効果を目指すものであるには違いないが、同時に、余計なものを排除する役割も担わされていることになる。それはいわば、黄金の「余白」に他ならないのである。

金屏風は、今日でも、結婚の披露宴や何かの祝賀パーティにおいてしばしば用いられる。だがそれは決まって無地の金屏風である。昨年の末、私はソウルの日本大使館が開催したパーティに参加したが、そこでも会場入り口に金屏風を立てて、大使が客を迎えていた。その時、同行した韓国の友人が、この金屏風はいかにも日本的だという感想を漏らした。聞けば、韓国においてもお祝いの席などに金屏風はよく登場するが、そこには必ず、松とか鶴などの吉祥モティーフが賑やかに描かれているという。無地の金屏風では、何か物足りなくて、淋しい感じすらするというのである。何も描かれていない一面の金地画面は、そこに日本人の独得な美意識を浮かび上がらせているのである。

出典：高階 秀爾「余白の美学」『日本人にとって美しさとは何か』

プラスα

日本画と余白

「余白」が描かれている作品は数多くあ
ります。あなたは「余白」に何を感じますか。

《 待月 》上村松園筆　足立美術館蔵

《 枯木鳴鵙図 》宮本武蔵筆
和泉市久保惣記念美術館蔵

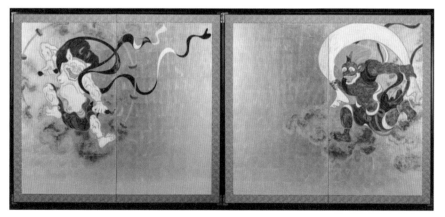

《 風神雷神図屏風 》俵屋宗達筆　建仁寺蔵

≫ 内 容 確 認

1.　朝顔をめぐるエピソードからわかる千利休の美に対する考えをまとめなさい。

　a）庭の朝顔の花を全部摘み取らせたことの意味

　　　• ① _____

　　　• 花のない庭自体が ② _____ 重要な役割を持つ

　b）千利休の美の世界を「一幅の絵画」(p.161 22 行目) にして表すとどうな
　　　りますか。

　　　┌─────────────────────────────┐
　　　│   │
　　　│   │
　　　│   │
　　　│   │
　　　│   │
　　　└─────────────────────────────┘

2.　「余白」の意味・効果についてまとめなさい。

　　╭────────────────────────────────────╮
　　│　西洋の油絵の余白：② _____ とみなされる　│
　　│　日本の水墨画の余白：美を構成する要素であるとみなされる　│
　　╰────────────────────────────────────╯

　　　　　《 松林図 》

　　　樹木の群の間に何もない空間が置かれることで、画面に ② _____

　　　が生じ、空間自体に ③ _____ を出す効果がある。

　　　　　《 山水図 》

　　　広々とした余白の空間が、まるで ④ _____ であるかのような存

　　　在感を持つ。

3.　二義的なものを排除している例についてまとめなさい。

　　　　京都御所の紫宸殿の庭

　　　一面に ⑤ _____ を敷きつめることによって ⑥ _____ を

　　　演出する。

伊勢神宮（い せ じん ぐう）

　装飾や色彩、また大陸渡来の新技術などは ⑦ ＿＿＿＿＿＿＿＿＿＿ として拒否し、

敢えて ⑧ ＿＿＿＿＿＿＿＿＿ 様式で建てられており、それを千三百年以上にわ

たって ⑨ ＿＿＿＿＿＿＿＿＿＿＿＿＿＿。

4.　装飾性以外に金はどのような役割を果たしていますか。

　　a　《 燕子花図 屏 風 》の金地

　　b　《 洛 中 洛外図 》の金雲

5.　「誰が袖図 屏 風」に用いられている「不在による存在の暗示（留守模様）」と
　　いう手法には、どのような効果があると思いますか。

6.　なぜ日本では「無地の金屏風」をお祝いの席に用いるのだと思いますか。

7.　あなたが好きな芸術作品や建築等を紹介し、そこに込められた美意識について
　　説明してください。

Chapter 3

対話型鑑賞

芸術を語らう

　芸術作品を見て、心惹かれたり不思議に思ったりすることはありますか。気づいたことや感じたことを言葉にし、話し合ってみましょう。

　まず、右の絵をよく見てください。

1．この絵の中で何が起きていると思いますか。

2．気がついたことや気になることがありますか。

3．作品を見てどう感じましたか。それは作品のどこからそう感じましたか。

4．他の人の見方で、興味を持ったことや共感する点は何ですか。

◆ 他の作品も対話をしながら鑑賞してみましょう。
　　作品例：シャガール「誕生日」　　　／　　マグリット「ゴルコンダ」
　　　　　　ヴァン・ゴッホ「星月夜」　／　　草間彌生「シャングリラの華」

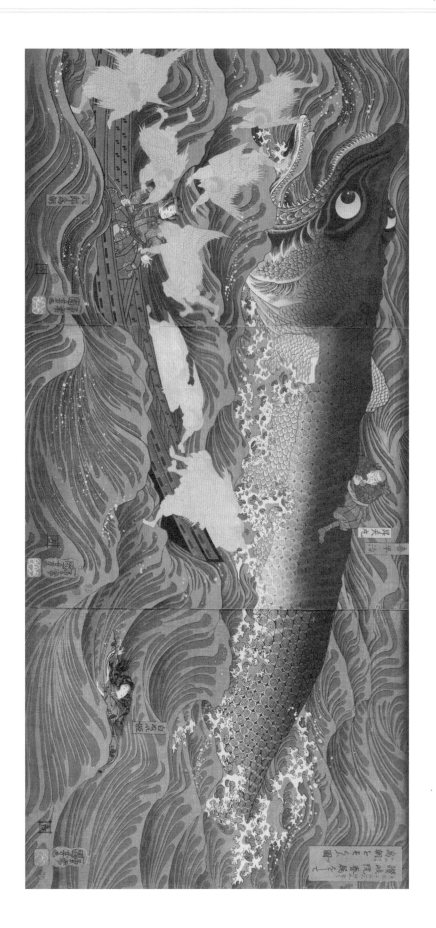

8章

理学の扉

Chapter 1

日常のカラクリと素数

▶ 素数（prime number）というのはどんな数ですか。1 から 20 までの間の素数を全部書いてください。

▶ 「暗号」はいつどんなときに使いますか。

素数を知れば、日常のカラクリが見える

　素数って、どうしても「難しい」「数学者にしか関係ない」といったイメージがありませんか？　でも、素数は、自然界にも見られるし、われわれがパソコンやインターネットを使うときにも登場するんです。そう、素数って、意外と身近な存在なんです。

　ここでは、日常生活から垣間見える素数の顔を覗いてみることにしましょう。え？　そんなところに使われていたの？　みなさんは、きっと驚かれるに違いありません。

　まずは、日本の暑い夏に欠かせない、セミの話から始めたいと思います。といっても、いわゆるミンミンゼミやヒグラシといったセミとはちょっと違います。また、セミがいる場所も日本ではなくアメリカなんです。このセミ、素数をうまく利用して生きています。うーん、セミのくせに、学校で素数を教わったのでしょうか？

素数の年に生まれるセミ

　素数ゼミは、別名「周期ゼミ」といい、特に 13 年または 17 年おきに大量発生するセミを指します。

　アメリカのある地域には、17 年周期で発生するセミか 13 年周期で発生するセミしか存在しません（つまり、17 年ゼミと 13 年ゼミが共存している地域はないんです）。たとえば 17 年ゼミの場合、2008 年に大量発生したとすると、次にあらわれるのは 2025 年。こういうと、その間の 16 年間は、17 年ゼミが存在しないかのように思われるかもしれませんが、そうではありません。17 年ゼミと一言でいっても、現在 12 種類が確認されており、それらが 1 年ごとにずれて発生しています。本来だったら 16 種類存在し、毎年発見されてもおかしくはないのですが、どうやら一部は絶滅してしまったようなのです。

　現在、はっきり絶滅したとわかっている 17 年ゼミは、1954 年に大量発生し

たグループです。彼らは、本来なら、17 年後の 1971 年に大量発生するはずで
したが、絶滅したため、あらわれることはありませんでした。絶滅の理由として
は、大量に捕食されてしまい、数が少なくなったことなどが考えられます。

　実は、生まれたてのセミはおいしくて、動物、鳥、人間がどんどん食べてしま
うのです。ネイティブアメリカンのオノンダーガ族は 17 年ゼミを伝統的に食べ
てきたといいます。セミの側からしてみれば、17 年がかりで土から出た途端に
貪り食われてしまうのでは、たまったものではないでしょう。絶滅には、住環
境が狭まり、生息場所が少なくなったことも関係しているのかもしれません。せっ
かく土から出てきて羽化しようと思っても、頭の上がコンクリートで塞がれてい
たら、外に出ようがありません。こういうのを骨折り損のくたびれもうけという
のでしょうか……。

　さて、この素数ゼミ、1966 年にロイドとダイバスという人が初めて論文を書
きました。17 年ごとに大量発生するのだから、17 という「素数」に何か意味が
あるのだろうと考えたのです。

　研究者たちの論文の中身は複雑ですが、思い切ってざっくりと説明すると、ど
うやら、「13 年や 17 年といった素数年ごとに大量発生する」ことが、セミにとっ
て有効な生き残り戦略らしいのです。

ユニークな生存戦略

　セミのように小さくておいしい昆虫は、捕食者にたくさん食べられてしまいま
すが、いくら食べられても、生き残る個体が「ある一定の数」だけ存在すれば、
絶滅せずに存続できることになります。そのために彼らが取った手段が、周期ご
との大量発生でした。定期的に大量発生できれば、種全体としては、数の強みが
あるんですね。

　過去には、12 年ゼミ、14 年ゼミ、15 年ゼミ、16 年ゼミ、18 年ゼミ等の種
も存在したといわれており、化石が残っているものもあります。なぜ、これらの

8章

種は絶滅してしまったのでしょうか。

　その最大の原因は「交雑」です。まず、偶数年に発生するセミはとても不利です。たとえば 12 と 8 の最小公倍数は 24 です。つまり、12 年ゼミと 8 年ゼミがいたとしたら、24 年ごとに、発生時期が重なり、交雑が起こることになります。仮に 12 年ゼミだけで子孫を作っていれば、周期は遺伝として伝わっていきますが、父と母が 8 年と 12 年だったら、その種が発生する周期が「交ざって」バラバラに変わってしまうのです。

　決まった年に集中的に大量発生するのが生き残り戦略であるはずなのに、交雑が起こると、羽化する年がバラバラになってしまい、大量発生が少量発生になってしまうわけです。そうやって数がどんどん減っていくと、絶滅の道を辿るほかありません。

　ここで、「素数」の性質が効力を発揮します。たとえば素数である 7 と 12 の最小公倍数は、7 掛ける 12 で 84 なので、84 年たたないと同時発生しない計算になります。さきほどの 8 と 12 は最小公倍数が（8

素数ゼミ

× 12 の 96 ではなく）24 でしたよね。8 と 12 には 4 という共約数があるため、最小公倍数は小さめになるのです。それに対して、素数は他の数と共通の約数を持たないので、最小公倍数が大きくなり、同時発生する間隔がすごく大きくなるのです。これが理由で、13 年と 17 年の種だけが純血を保ち、常に大量発生したことにより生き残れたというのが、多くの研究者たちの共通の認識です。

　今生き残っている 13 と 17 のセミの交雑も考えられますが、この 2 つの最小公倍数は（13 × 17 で）221 ですから、頻繁に発生時期が重なることはありえません。だからこそ、この 2 種が生き残ったと推測されています。

　もちろん、13 年ゼミも 17 年ゼミも、素数であることを自ら意図したわけで

はありません。生物界において、たまたま素数の年に発生する種が進化論的に有利だったという非常に興味深い話なんです。

インターネットと戦争の裏に潜むもの

素数の現代社会とのかかわりで一番大きいのは暗号でしょう。暗号は古代から戦争で使われてきましたし、現代社会ではネットショッピングやメールのやりとりにも暗号が使われています。つまり、情報をそのまま送ると敵や泥棒に読まれてしまうため、手を加えてわかりにくくするわけです。とはいえ、情報を伝えたい相手にも読めなくなってしまっては元も子もありませんから、暗号には、暗号を解くために必要なルール、つまり「鍵」があります。ちょうど家の扉を開けるのに鍵が必要なのと同じですね。

たとえば、「シーザー暗号」という有名な暗号があります。この暗号を解く鍵は単純です。英語で書かれた文章の文字をアルファベットの並びの規則に従って、いくつかずらすだけ。たとえば、「caesar」という単語を1個ずらして変換すると、cがdになり、aがbになって、eがfとなり、最終的には「dbftbs」という全くもとの言葉とは異なる単語となります。

しかし、1個ずらすという規則（つまり鍵）を知っている人には解読されてしまいます（ちなみに解読とは、本来鍵を正規に持っていない人が盗み読むことを指し、鍵を正式に持つ人が合法的に読む場合は復号といいます。また、暗号化されていない文章、すなわち元の文章のことを平文といいます）。

シーザー暗号の場合は、「1字ずらした」という鍵を暗号とは別の経緯で相手に知らせれば、相手は、この鍵を使って解読することができます。これを秘密鍵暗号といいます。鍵が秘密になっているからです。

公開鍵暗号のしくみ

では、この鍵が何らかの方法で盗み見られた場合、どうすればいいのでしょう

か。通信が傍受されて鍵が盗み見られてしまったら、当事者以外でも読めてしまうことになります。暗号が大変重要な役割を果たす戦争の事例で考えてみましょう。たとえば作戦指令を暗号で送るとしても、鍵を一緒に送ったら傍受される可能性があります。人がポケットやカバンに入れて物理的に運ぶとしても、その人が捕まってしまえば同じです。ですから秘密鍵暗号の方式は常に危険にさらされているのです。

　そこで、今世紀になって発明されたのが、公開鍵暗号です。「秘密鍵が読まれてしまえば、一巻の終わりなのだったら、いっそのこと鍵を公開してしまえ！」という大胆な発想に基づいています。一種の開き直りといえるかもしれません。

　この公開鍵は、文字通りインターネット等で「公開」されているので、鍵を掛けることは誰でもできます。つまり、平文を暗号にすることはカンタンなのです。ところが、暗号化されたものを復号できる人は、別の秘密鍵を持っている人だけに限られています。

　おっと、公開鍵の他に秘密鍵があるのなら、やはり、その秘密鍵を盗まれたら一巻の終わりなのでは？　そんな疑問がわくかもしれませんね。実は、秘密鍵が危険なのは、それを「相手」に届けなくてはいけないからです。今の場合、「あなた」が公開鍵と秘密鍵を一対で持っています。そして、そのうち公開鍵だけを（インターネットショッピングのお客さんのような）一般の相手に公開するのです。公開された鍵で相手が情報を暗号化します。それを受け取って、手元の秘密鍵で復号するのはあなた。すなわち、公開鍵方式の場合、秘密鍵を届ける必要がありません。だから秘密鍵を盗まれる危険が大幅に減少するのです。

　さて、ここに素数が関係してきます。

　大きな素数を2つ掛けると、当然それより大きな数になります。たとえば素数ゼミのところで出てきた素数 13 × 17 は 221 でした。221 が出てきたときにこれがどんな素数の掛け算かが即座にわかる人は、数学好きでもないかぎりあまりいません。この場合は3桁ですが、50桁だったら途方もない計算時間がかか

ります。数学の言葉を使うと「素因数分解をするのに時間がかかる」という事実が「暗号解読に時間がかかる」ことにつながるのです。

　公開鍵方式の暗号も、本当のしくみは複雑ですが、ざっくりと概要だけ説明しましょう。まず、2つの素数を選びますが、この素数自体は公表しません。しかし、2つの素数を掛けた結果だけ公開するのです。ですから、誰でもすごく大きな素数（公開鍵）を使って、情報を暗号化できるのです。

　公開鍵暗号を用いるインターネット通販とかクレジットカードの会社では、秘密鍵を持っているため、何と何の掛け算なのかわかり、ちゃんと解読ができるというしくみになっています。

　具体的に素数を使う暗号は、1977年に発明されたとされていますが、本当は1969年には原理が発見され、73年には具体的な暗号が作られていたようです。

国家の最高機密ゆえの悲劇

　公開鍵暗号のそもそもの原理を考えた人は、数学者ジェームズ・エリスという人物であり、具体的な暗号を発明したのがクリフォード・コックスという人物でした。しかし、彼らの発明は公表されることはありませんでした。

　なぜかというと、彼らが所属していたのは、イギリスの政府通信本部ＧＣＨＱという秘密機関だったのです！　彼らの発明は、当然国家の最高機密に当たります。なんと、彼らの功績は1997年になるまで誰も知ることはありませんでした。

　それとはまったく別に、1977年リベスト、シャミア、エーデルマンの3人が論文を発表します。彼らが考えた公開鍵暗号は、名前の頭文字をとって、ＲＳＡ暗号と呼ばれています。彼らはこの功績によって2002年に、コンピューター科学で最も権威のあるチューリング賞を受賞していますが、機密扱いにされたエリスとコックスは受賞することができませんでした。ここにも、学問の自由と、それが有用であるがゆえに、それを機密として保持しておこうという国家の意思が絡んでくるんですね。

　身近な素数の裏にも、学問や言論の自由を脅かす、スパイ合戦の歴史があったのです。

出典：竹内　薫　『素数はなぜ人を惹きつけるのか』

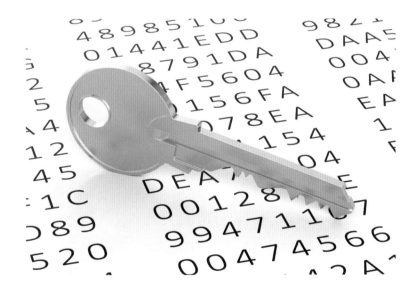

» 内容確認 1

文章の内容と合っているものに ○ を、合っていないものに ✕ をつけなさい。

1. (　　　) 素数というのは数学者にしか関係ないものである。

2. (　　　) 素数ゼミは、何年かおきに大量発生するので周期ゼミともいう。

3. (　　　) 17年ゼミは1種類しかいない。

4. (　　　) 土から出てきたばかりのセミはまだおいしくない。

5. (　　　) 12年ゼミや14年ゼミが絶滅したのは交雑が最大の原因である。

6. (　　　) 13年ゼミと17年ゼミは、自分で素数の年に大量発生することを選んだ。

7. (　　　) 暗号を使い始めたのは、20世紀になってからである。

8. (　　　) 公開鍵を知っていれば、暗号化されたものを復号することができる。

9. (　　　) 公開鍵とは、2つの素数を掛けた結果である

10. (　　　) 公開鍵暗号の原理を最初に考え出した人はイギリスの秘密機関に所属していたため、その功績は当時公表されなかった。

» こ と ば

素数	カラクリ	垣間見える	覗く	ずれる
〜たて	〜がかり	たまったものではない		狭まる
塞ぐ	骨折り損のくたびれもうけ		ざっくりと	戦略
交雑	最小公倍数	発揮する	間隔	頻繁
推測する	自ら	たまたま	進化論	やりとり
元も子もない	ずらす	解読	経緯	何らか
傍受する	さらす	一巻の終わり	開き直り	文字通り
即座	桁	途方もない	当たる	功績
頭文字	権威	絡む	脅かす	〜合戦

» ことばの練習

☐ の中のことばを適当な形に変えて（　　　　）に入れなさい。

ずれる	塞ぐ	開き直る	ざっくりと	やりとり
～たて	絡む	さらす	元も子もない	文字通り
当たる	脅かす	たまたま	一巻の終わり	～がかり
何らか	たまったものではない			

1. 気をつけろ。もし足を滑らせてこの崖から落ちたら、（　　　　　　　　）だ。

2. 人間関係の問題にお金が（　　　　　　　　）と、解決が難しくなる。

3. 大きな金庫を4人（　　　　　　　　）で動かそうとしたが、びくともしなかった。

4. その動画を無断でアップロードするのは犯罪に（　　　　　　　　）んだよ。

5. このパンは焼き（　　　　　　　　）だから、とってもおいしい。

6. 連絡したら、むこうから（　　　　　　　　）の返事があるはずだ。

7. せっかく長年勉強してきたのに、今無理をして試験の当日に病気になっては（　　　　　　　　）。

8. 上司の失敗なのに、全部私たちの責任にされては（　　　　　　　　）。

9. スピード違反を警官にとがめられた彼は、はじめはおとなしくしていたが、急に（　　　　　　　　）、みんなやっているじゃないかと言い出した。

10. あの先生の授業は、ただ講義を聞くだけではなく、先生との（　　　　　　　　）がおもしろくて勉強になるから、人気がある。

11. 試験終了5分前にマークシートの解答が1行（　　　　　　　　）ことに気づいて、真っ青になった。

12. 壁に穴が空いていますね。早く（　　　　　　　　）ほうがいいですよ。

13. 戦争中、前線の兵士たちは危険に身を（　　　　　　　　）戦っていた。

14. ウィルスがこれほど人類の生活を（　　　　　　　　）存在だったとは思わなかった。

» 表　現

A ～と一言でいっても

1. 日本の着物と一言でいっても、ピンからキリまであるよ。

2. 芸能人と一言でいっても、いろいろなジャンルの人がいます。ちなみに、彼は舞台俳優です。

3. ＿＿＿＿＿＿＿＿＿と一言でいってもさまざまです。＿＿＿＿＿＿＿＿＿＿＿＿

＿＿＿＿＿＿＿＿＿＿＿＿＿＿＿＿＿＿＿＿＿＿＿＿＿＿＿＿＿＿＿。

B ～からしてみれば

1. リストラは解雇される側からしてみれば、たまったものではない。

2. 彼は志望校に行けなかったと嘆いているけれども、どこにも合格しなかった私からしてみれば、うらやましい限りです。

3. ＿＿＿＿＿＿＿＿＿＿＿＿＿＿＿＿＿＿＿＿＿＿＿＿＿＿＿なんて、

＿＿＿＿＿＿＿＿＿＿＿＿＿＿＿＿＿＿＿＿からしてみればありがた迷惑ですよ。

C ちなみに

1. これはフランスのボルドー地方の赤ワインです。ちなみに、2000年のヴィンテージものです。

2. 豊田社長は、偉大な業績を残しています。ちなみに、彼は高校時代、私のクラスメートで、いっしょにサッカーをしたこともあります。

3. （不動産屋）このマンションは、新築で駅からも近いですよ。ちなみに、

＿＿＿＿＿＿＿＿＿＿＿＿＿＿＿＿＿＿＿＿＿＿＿＿＿＿＿＿＿＿＿＿＿。

D いっそのこと

1. この家も築30年でいろいろ不具合が出てきましたから、いっそのこと建てかえようかと考えているんです。

2. そんなに毎日喧嘩ばかりしているんだったら、いっそのこと別れちゃえよ。

3. ゲームの腕前、すごいらしいね。いっそのこと＿＿＿＿＿＿＿＿＿＿＿＿＿。

>> **内容確認 2**

次の質問に答えなさい。

1. 素数ゼミが決まった年に大量発生する利点は何ですか。

2. アメリカのある地域には 17 年ゼミと 13 年ゼミしか存在しません。それは
   なぜだと研究者たちは考えていますか。

3. 秘密鍵暗号の方式の危険な点は何ですか。

4. 公開鍵暗号で素数が使われているのはなぜですか。

5. 数の不思議について調べてみましょう。

Chapter 2

光、そして時間と空間

▶ 時速 500 キロで走っている電車の中でＡさんがボールを落とした時、同じ電車に乗っているＢさんから見てボールはどのように落ちますか。

▶ 時速 500 キロで走っている電車の中でＡさんがボールを落とした時、地上にいるＣさんから見てボールはどのように落ちますか。

特殊相対性理論はたったこれだけ

アインシュタインは、次の二つの原則を満たすように[1]ニュートンの運動法則を書き換えました。

5　　1　[2]相対性原理は正しい

　　　2　光のスピードは誰から見ても同じ

特に新しいのが2で、「光速度不変の原理」と呼ばれます。こうして生まれた新しい運動法則を「[3]特殊相対性理論」と呼びます。ちなみに「特殊」というのは、

10　観測者として「等速直線運動する人」という特殊な状態に限っているからです。

正直なところ、特殊相対性理論というのはこれだけです。特殊相対性理論で予言されるあらゆる現象は、上の二つの原則から導けます。もちろん、どんな場面でも使えるように定式化しようとすれば記述が抽象的になるのは避けられませんが、それでも、使うのは所詮高校で習う程度の数学です。

15　この理論の魅力は、何と言ってもニュートン以来350年以上培ってきた時間と空間の認識をガラリと変えてしまうところにあります。時計で測る「時間」と定規で測る「空間」は実は仲間で、どちらも見る人によって伸び縮みします。もっと具体的に言えば、速く動く物体の上では時間はゆっくり進み、動いている物体

---

[1] **ニュートンの運動法則**　ニュートンの運動法則は次の3法則を指す。第一法則（慣性の法則）「物体に力が働かない場合、静止している物体は静止し続け、運動している物体は等速度運動する」　第二法則（運動の法則）「物体に力が働くことにより生じる加速度の大きさは、力の大きさに比例し、物体の質量に反比例する」　第三法則（作用反作用の法則）「物体Bが物体Aに力（作用）を及ぼすと、物体Aは物体Bに同じ大きさで反対向きの力（反作用）を及ぼす」

[2] **相対性原理**　ガレリオが確立した、互いに静止、あるいは、等速度運動をしている座標系ではすべて同等にニュートンの運動法則が成り立つという原理。走っている電車の中で落としたボールは、中の乗客からみるとまっすぐに落ちる。

[3] **特殊相対性理論**　特殊相対性理論は、ドイツの物理学者アルベルト・アインシュタインによって1905年に発表された理論で、本文の1と2の理論である。相対性理論には「特殊相対性理論」と「一般相対性理論」とがある。一般相対性理論は、特殊相対性理論を発展させたものでエネルギーや質量のある物体が存在すれば、その周りの時空間は歪むという重力理論。

の長さは進行方向に縮みます。そして、その流れから自然に、質量とエネルギーが等価であることも導かれます。ニュートンの物理をベースに常識を構成している私たちにとってはほとんど夢物語ですが、これらは上の二つの原理から簡単に導けますし、何より観測事実です。これらを順番に見ていくことにしましょう。

動くと時間の進み方が変わる⁉

まず確認してほしいのは時間の測り方です。時間というのは手元の時計で測るものです。決して「宇宙全体に共通に流れる不可視の何か」ではありません。そこで、まずは時計を準備しないといけません。

どんな時計を使ってもいいのですが、光速度不変の原理を使うので、ある段階で必ず光を使う必要があります。最も手っ取り早いのは、光を使って直接時間を測ってしまうことです。そこで、図1の上部のような装置を考えます。仕組みは単純で鏡を向かい合わせに置いて、下の鏡にカウンターを取り付けるだけです。この光の運動は周期運動ですから、光が下の鏡に当たるたびにカウンターの数字が増えるようにしておけば、これは立派な時計になります。この装置を「光時計」と名付けましょう。例えば、鏡の距離を15万kmとすると、光のスピードは秒速30万kmですから、1秒ごと

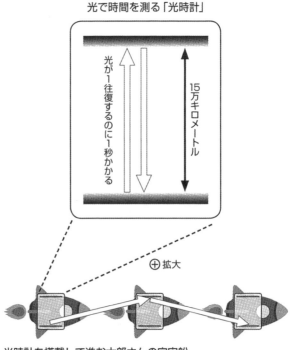

光で時間を測る「光時計」

光が1往復するのに1秒かかる

15万キロメートル

⊕拡大

光時計を搭載して進む太郎さんの宇宙船

図1

にカウンターの数字が一つずつ増えます。15万kmというのはとても長い距離ですが、説明を単純にするための設定と考えてください。

次に、地面に対して一定のスピードで動く乗り物を考えましょう。乗り物は何でもいいのですが、ここでは未来の宇宙船にします。その宇宙船には乗組員の太郎さんが乗っていて、あなたの目の前を左から右へ通過していきます。

この宇宙船には、先程の光時計が搭載されているとしましょう。時計の向きは進行方向に垂直。つまり、進行方向と直交する方向に光が上下するように設置されているとします。この光時計が太郎さんにとっての時計です。高さ15万kmの光時計が搭載された宇宙船はとてつもなく巨大ですが、まあ、未来の宇宙船なのでそんなこともあるでしょう。ついでに、中の光時計が外からも見えるように、宇宙船は透明だとします。これまた未来なのでそんなこともあるでしょう。宇宙を背景に巨大な透明宇宙船が飛ぶ姿はさぞ壮大でしょう。

大切なので繰り返しますが、時間は手元の時計で測るものです。ですから、宇宙船に搭載された光時計の数値は太郎さんにとっての時間そのものです。「宇宙船に積まれた光時計は地上とは違う動作をするんじゃないか?」と疑う方もいるかもしれませんが、相対性原理が正しい以上、その心配はありません。もしあなたの目の前に(静止した)光時計があったら、その光時計は正確に時を刻みます。太郎さんの宇宙船は等速直線運動をしていますから、物理的な立場はあなたと同じです。ですから、宇宙船の光時計は太郎さんの時間を正確に刻みます。

さて、地面に立つあなたから見て、太郎さんの光時計はどのように見えるでしょう?宇宙船は動いていますから、あなたから見ると宇宙船の中のものは全て宇宙船と一緒に動きます。光時計も、その中を飛ぶ光も例外ではありません。

動いている電車の中で真上に投げ上げたボールが、ホームに立つ人から見ると斜め上向きに動いて見えるように、太郎さんから見て上下に進む光は、あなたから見れば斜めに進みます(図1の下側を参照)。従って、鏡の間を一往復する光の道筋は、斜めになっている分だけ長くなり、あなたから見ると30万kmよりも

長くなります。ここまでは常識通りです。

　常識外れのことが起こるのはここからです。私たちの宇宙は光速度不変の原理を採用しているので、光のスピードは誰から見ても秒速30万km。あなたから見ても太郎さんから見てもその値は同じです。あなたから見ると光が一往復する距離は30万kmよりも長いので、当然、光が一往復するのにかかる時間は1秒よりも長くなります。

　一方、太郎さんにとっては目の前の光時計は静止した光時計で、光の経路は往復で30万km。光が一往復したときにはちょうど1秒が経過します。「光が一往復する」という現象は二人にとって共通であるにもかかわらず、それにかかる時間は太郎さんにとっては1秒で、あなたにとっては1秒より長いのです。逆に言えば、あなたの時計で1秒経過する時、太郎さんの時計ではまだ1秒経過していません。つまり、あなたから見て太郎さんの時計はゆっくり進んでいるのです！これが特殊相対性理論における時間の遅れです。

　「いや、これはおかしい。単純に時計の進み方が変わるというだけで、それは時間の流れとは関係ないはずだ。だまされないぞ！」と感じる方はきっと多いと思います（何を隠そう、私がそうでした）。そして、この感情こそが、これまで常識として疑いもしなかった「時間観」に外から触れた証拠です。皆さんは、今まさに相対性理論の本質に触れようとしています。

時間の進み方は観測者ごとに違う!?

　これまで事あるごとに「時間は手元の時計で測るもの」と強調してきたのはこの時のためです。どうか冷静に思い返してください。時間とは物体の運動によって測定されるものです。ですから、ある人の目の前に置かれた光時計の表示は、その人にとっての時間そのものです。説明の中で使ったのは、この認識と、「誰から見ても光のスピードは変わらない」という事実だけ。光のスピードが誰から見ても変わらない以上、「光が一往復する」という共通の現象にかかる時間はあ

なたと太郎さんで違います。「自分の時間は自分で測るもの。それが他の人が測った時間と同じである必要は、実はない」という認識こそがポイントなのです。このように、位置や速度だけでなく、時間の進み方までが相対的、つまり、観測者ごとに違うというのが「相対性」理論という命名の由来です。このことは同時に、

5　この宇宙には絶対時間など存在しないことを示しています。どんなに頑張っても「宇宙標準時」は設定できないのです。

　ちなみに、太郎さんの乗り物のスピードが速ければ速いほど、地上から見た光の道筋は長くなって、宇宙船の中の時間はゆっくり進みます。極端な例ですが、もしも太郎さんの船が光のスピードで飛べば（後で不可能であることを示します

10　が）、あなたから見て光は永遠に上の鏡に到達できないので、あなたから見ると太郎さんの時間は止まってしまいます。もちろん、太郎さんには太郎さんの時間があるので、太郎さんはいつも通りの時間を過ごしますが、太郎さんにとってのほんのわずかな時間経過すら、あなたにとっては永遠となります。

動くと長さも変わる !?

15

　時間がゆっくり進むことがわかると、動くことで物体の長さが縮むこともわかります。先程の太郎さんを乗せた宇宙船が、秒速 15 万km（光のスピードの50%）という猛スピードで飛んでいるとしましょう。そして、その横にはどういうわけか長さ 15 万kmの巨大定規が地上に対して静止して置かれており、太郎

20　さんの船はその真横を通過するとしましょう。地上から見ているあなたには、図2のような風景が見えていることになります。当然、あなたから見ると太郎さんの船はちょうど1秒かけて定規を通過します。

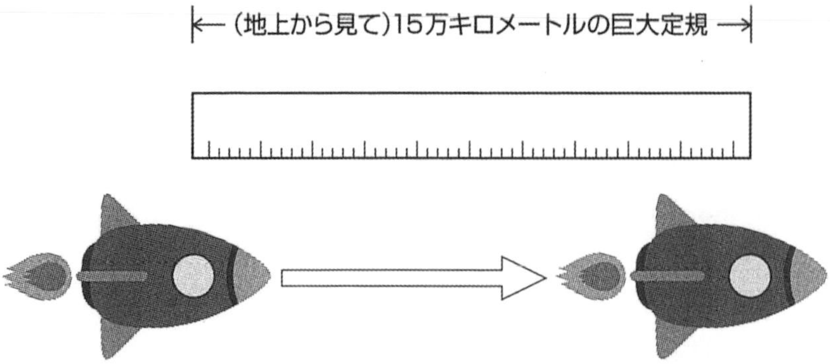

図2

10 　　ここで視点を太郎さんに移しましょう。太郎さんはちょうど窓の中央のところ
にいて外を見ています。その太郎さんから見ると、定規は後ろ向きに秒速15万
kmのスピードで動いています。太郎さんの視点では、太郎さんの目の前に定規の
端が現れ、秒速15万kmで目の前を通過し、しばらくするともう片方の端が後方
に飛んで行きます。この現象にかかる時間は何秒でしょう？

15 　　「宇宙船が定規の端から端まで移動する」というこの現象は、あなたから見れ
ば1秒で完了します。日常のニュートン的な常識から考えると、あなたから見て
1秒かかる現象は誰から見ても1秒かかる現象のはずですが、私たちは既に時間
の進み方が人によって異なることを知っています。太郎さんの時間はあなたの時
間よりもゆっくり進んで、太郎さんの目の前を定規が通過し終わるのにかかる時
20 間は、太郎さんにとって1秒未満です。

　　太郎さんから見た定規のスピードは秒速15万km。その物体が目の前を通過す
るのに1秒かからないということは、動いている定規の長さは15万kmよりも短
いことになります。静止したあなたから見た定規の長さは15万kmでしたから、
動いている定規は短くなったことになります。この説明からわかる通り、これは
25 時間の遅れと本質的に同じ現象です。

そして質量まで増える !?

　速く動くと時間がゆっくり進むので、宇宙船の中を地上から見ると全ての物事がゆっくり起こります。

　例えば、ピッチングマシンのように一定の力でボールを打ち出す機械があったとしましょう。地上でその機械を使うと、ボールは機械の力によって加速され、一定のスピードで飛んで行きます。

　この機械を太郎さんの宇宙船の上で使うとどうなるでしょう？　あなたから見ると宇宙船の中の時間はゆっくり進んでいますから、機械で打ち出されたボールは地上よりもゆっくりと打ち出されます。正確には、同じように打ち出しているはずなのに、地上よりも宇宙船の中の方が加速が悪いのです。

　私たちは、「力を加えた時の速度の変化のしにくさ」を質量と呼びます。宇宙船の中のボールは、地上と同じ力を加えているにもかかわらず加速が鈍かった。と言うことは、このボールは地上のボールよりも質量が大きいと結論せざるを得ません。つまり、速く動くと物体の質量は大きくなるのです。これは、速く動くと時間がゆっくり進むようになり、その分動きにくくなることの裏返しです。つまり、質量が増えるという現象もまた、本質的には時間の遅れと同じ現象なのです。

　では、物体をどんどん加速したらどうなるでしょう？　物体に流れる時間はそのスピードが光速に近づけば近づくほどゆっくりになります。時間の遅れと質量の増加は同じ現象ですから、光のスピードに近づけば近づくほど物体の質量が増大することを意味します。光のスピードの直前まで加速した物体は莫大な質量を持つので、わずかな加速をするために大きな力を必要とし、その結果として更に質量を増大させます。つまり、わずかでも質量がある物体は、どんなに頑張っても光のスピードを超えられないのです。「物体のスピードは、情報伝達の最大速度を超えることはできない」という思考のお遊びは、現実世界ではこのように実現されます。また、時間の遅れの説明の部分で、「もしも太郎さんの船が光のスピー

ドで飛んだら」という例えを出しましたが、実際にはそれは不可能であることが分かります。

　実は、これもまた実験事実です。最近[4]ヒッグス粒子の発見で話題になった[5]LHC という機械は、[6]陽子と呼ばれる粒子にとてつもないエネルギーをつぎ込んで加速します。この陽子のスピードをニュートン力学で計算すると光のスピードの約 10 億倍というとんでもない値になるはずですが、LHC の中では陽子はほぼ光速で走っています。

質量はエネルギーの形の一つ

　このように、物体にどんどんエネルギーをつぎ込んでいくと、その物体はスピードが上がると同時に質量が増します。そして、物体は光のスピードを超えられないので、光のスピードに近づいていくと、スピードはほとんど上がらず、むしろ質量だけが増加していきます。この時、物体を加速させるために使ったエネルギーはどこに行ったのでしょう？

　運動する物体が持つエネルギーを「運動エネルギー」と呼びますが、ニュートン力学の場合には質量は変化しない量ですから、運動エネルギーの増加とは単純にスピードの増加のことを指します。ですから、ニュートン力学的な常識では、投入したエネルギーは全てスピードの上昇に使われます。

　一方、相対性理論ではもう一つ要素があります。エネルギーを投入すると、スピードだけでなく質量も増加するのです。これは、質量もまた運動エネルギーの

---

[4] **ヒッグス粒子**　ヒッグス粒子は宇宙を満たし、物質に質量を与えると考えられてきた粒子。137 億年前の宇宙誕生の瞬間に「ビッグバン」という大爆発があり、この時、素粒子に質量はなく、光速度で飛び回っていたとされている。宇宙が急速膨張し、冷えてきたある時点でヒッグス粒子が真空に充満し、素粒子は動きにくくなったと考えられている。そして、この動きにくさが「質量」だと考えられている。

[5] **LHC**　Large Hadron Collider（大型ハドロン衝突型加速器）は CERN（欧州合同原子核研究機関）に建設された世界最高エネルギーの陽子・陽子衝突型加速器。加速した陽子同士を高エネルギーで正面衝突させることにより、素粒子反応を起こすことができる。

[6] **陽子**　原子核を構成する素粒子の1つで、正の電荷をもつ粒子。その電荷料は負の電荷をもって原子核の周囲をまわっている電子と絶対値で等しい。

担い手であることを意味しています。つまり、相対性理論の場合、投入したエネルギーの行き先はスピードと質量の両方で、運動エネルギーはそれらが混ざった概念ということになります。

これによってエネルギーの概念が拡張されます。物体は止まった状態であっても質量を持ちますから、その質量は「静止状態の運動エネルギー」と解釈できるのです。これが有名な「[7]$E = mc^2$」です。

エネルギーの最大の特徴は、その総量は変えずに形を変えられることです。例えば自動車が走るのは、ガソリンが燃えた時に生じる熱エネルギーを運動エネルギーに変化させているからです。質量がエネルギーの一形態ということは、質量を別の形のエネルギーに変換できることを意味しています。

これが現実になったのが、いわゆる原子力、すなわち、原子核反応から得られるエネルギーです。原子核反応は非常に大きなエネルギーを放出するので、反応を起こした原子の質量が変化する様子が実際に観測できます（厳密に言えば化学反応でも質量が変わりますが、放出されるエネルギーが小さいので観測にはかかりません）。例えば、典型的な核燃料であるウランが分裂する時、ウランの質量は約 0.1％減少します。逆に言えば、ウランの質量の 0.1％を熱エネルギーとして利用する技術が核分裂ベースの原子力技術です。言うまでもないことですが、これもまた自然界の理の一つであって、それをどう使うかは人間次第です。この膨大なエネルギーを電気エネルギーに変えれば原子力発電となりますし、ものを壊すために使えば原子力爆弾となります。

また、太陽も核反応によって光っています。こちらは核融合です。太陽はプラズマ状態の水素の塊です。水素の原子核が融合することでヘリウムの原子核になるプロセスがあるのですが、この時、水素の質量は約 1％減少します。実際、太

---

[7]$E=mc^2$ **（質量とエネルギーの等価性）** E は物質のエネルギー、m は物質の質量、c は光速を表す。つまり、エネルギーは物質の質量に光速の 2 乗をかけたものに等しいという意味である。光速は秒速 30 万キロであるため、その 2 乗は 9 百億となり、軽い物体でもエネルギーは計算上膨大ということになる。

陽は毎秒約420万トンの質量を失い、その減少分に等しい量のエネルギーを宇宙空間に放出しています。私たちが普段使っている化石燃料は、太古の昔地球に降り注いだ太陽光のエネルギーを植物が固定化したものですし、風や波も太陽のエネルギーが源です。私たちが使っているエネルギーの大部分は、もとを正せば核融合によって失われた水素の質量です。

　もう一つ、我々が恩恵を受けているエネルギーと言えば地熱です。私は温泉好きですが、地下水を温泉にしてくれているのはこの地熱です。そして、地熱の源もまた原子力です。地球内部が熱く保たれているのは、ウランなどの重い元素が自然に分裂してエネルギーを放出し続けてくれているお陰です。もしこの作用がなければ、温泉がなくなって私が涙するだけでなく、火山活動が止まることで大気の供給が止まり、地球は死の星になるでしょう。地上で得られるエネルギーは、もとを正せば太陽か地熱のどちらかです。地球は相対性理論の効果で生かされていると言っても過言ではありません。

出典：松浦 壮『宇宙を動かす力は何か─日常から観る物理の話─』

GPS

　私たちが自分の位置を把握するときに利用しているのが GPS です。これは、地球のまわりを回る GPS 衛星からの電波（信号を発信した時刻が記録されている）が何秒かかって到達したかで衛星からの距離が分かる仕組みを利用しています。もちろん、1 つの衛星からの距離だけでは位置が特定できないので、4 つ以上の衛星を使っています。ただ、ここで問題となるのは、GPS 衛星が高速で地球のまわりを回っているため、そこの時間の流れが地上より遅いことです。さらに、重力の影響も考えなければなりません。実は、重力が小さいところでは時間の流れが早くなるのです。GPS 衛星は地球のかなり上空を回っているため重力が小さく、その中では時間の流れが地上より早く進みます。GPS 衛星におけるスピードの影響と重力の影響を比べると、重力の影響のほうが少し強いのですが、このような時間のずれを修正することで、GPS はきちんと私たちの地上での位置を割り出してくれるのです。

≫ 内　容　確　認

時　　間：① .... で測るもの

光の速さ：② .... km 、誰から見ても ③ ....

1. 図1の宇宙船の中の「光が一往復する時間」が、宇宙船の中と地上から
　見た場合とではどう違いますか。また、それはなぜですか。

2. 図2の「宇宙船が定規の端から端まで移動する時間」が、地上から見た
　場合と宇宙船の中とではどう違いますか。また、それはなぜですか。

3. 地上での物体（ボール）の加速と宇宙船の中での物体の加速はどう違い
　ますか。また、それはなぜですか。

質　　量： ④ ....

質量のある物体は光のスピードを ⑤ ....

4.　物体のスピードが光速に近づけば近づくほど、物体に流れる時間と質量は
　　どうなりますか。

5.　相対性理論の考えでは、物体にエネルギーを投入すると、そのエネルギー
　　はどうなりますか。

6.　太陽は毎秒約 420 万トンの質量を失うかわりに、何をしていますか。

7.　この文章を読んで、興味を持った点、疑問を感じた点、なるほどと思った
　　点はどんなところですか。

問いの発見・探究

なぜ？を考えてみよう

　毎日の生活の中で「どうしてなんだろう？」と思うことはありませんか。そうなっていることにはどんな理由があるのでしょうか。些細な疑問に目を向け、そこから一歩進んで調べてみましょう。

なぜ？	新幹線の座席は一列が２席と３席のシートに分かれていることが多いのはなぜ？
予　想	カップルで旅行する人や、家族や友達３人で旅行する人が多いから？
調べる	JR のウェブサイト、理科や数学の読み物
調べてわかったこと	グループで旅行するときに、まとまって座れるようにするため。２人席と３人席の組み合わせにより、一人だけが離れたり、知らない人が隣に座って気まずくなったりすることを防ぐことができる。

参考：横山明日希『読み出したら止まらない！文系もハマる数学』

「なぜ？」の例

・草食動物はたんぱく質を食べないのに、なぜ筋肉質の身体を持っているのだろう。
・なぜコンビニの陳列の仕方はどの店も似ているのだろう。何かルールがあるのだろうか。
・なぜ日本のタクシーは自動ドアなのだろうか。サービス？

1．あなたが疑問に思っていることを調べてみましょう。

なぜ？
予　想
調べる（出典）
調べてわかったこと

2．自分の調べた「なぜ？」を使ってクラスメイトにクイズを出してみましょう。

さらに もう一歩

　まだ答えが見つかっていない「なぜ？」についても話し合ってみましょう。

【語彙リスト】

1章　社会学の扉

Chapter 1

放る	貧富	格差	累進課税	画期的
膨大	スパン	中盤	富裕層	根本
矛盾	夢物語	納める	逃れる	把握する
発端	崩壊	投資	破綻	手を打つ
救済する	矛先	放漫	報酬	スローガン
抗議	飛び火する	欠かす	公正	行き過ぎる
訴える	世帯	潤沢	費やす	顕著
裏づける	官公庁			

Chapter 2

生態系	脆い	伐採する	保全	目の当たりにする
憂慮する	絶滅危惧種	微生物	綿密	敬虔
恩恵	列挙する	懸念	元凶	剥ぎ取る
間引く	食い扶持	荒々しい	折り合いをつける	顕在化する
生存権	植物油脂	もてはやす	脚光を浴びる	短絡的
複眼	解きほぐす	対峙する	頑強	征服する
畏れ敬う	繊細	土壌	成熟する	ひとたまりもない
ひとたび	引き合いに出す	学術的	網羅的	回避する
査定	欠如	悟る	劣化	席巻する
貨幣	確信犯			

2章　工学の扉

Chapter 1

氾濫	心もとない	枝葉末節	根幹	傑作
駆使する	桁	へこむ	補正する	施す
施工	叡智の結晶	瓦	釘	染み込む

樋（とい）	念（ねん）を入（い）れる	老朽化（ろうきゅうか）	見舞（みま）う	驚異（きょうい）
凝縮（ぎょうしゅく）する	一棟（ひとむね）	ともすれば	くぐる	ほんわかする
ポリシー	勾配（こうばい）	屋根裏（やねうら）	糧（かて）	

Chapter 2

搭載（とうさい）する	汎用（はんよう）	アルツハイマー病（びょう）	メカニズム	探索（たんさく）する
万物（ばんぶつ）	導（みちび）きだす	もたらす	シナリオ	脅威（きょうい）
突（つ）きつめる	為替（かわせ）	すき	いざ	仮説（かせつ）
加速度的（かそくどてき）	賛否両論（さんぴりょうろん）	融合（ゆうごう）	道筋（みちすじ）	見積（みつ）もる

3章　農・水産学の扉

Chapter 1

経（へ）る	感嘆（かんたん）する	志（こころざ）す	手（て）がかり	それなり
フリーター	打（う）ち込（こ）む	ドキュメンタリー	無縁（むえん）	酌（く）み交（か）わす
勝手（かって）が違（ちが）う	介（かい）する	いつしか	変遷（へんせん）	快（こころよ）い
ありきたり	そもそも	あくせく	力（りき）む	染（そ）まる
挫折（ざせつ）する	へこたれる			

Chapter 2

見込（みこ）む	家畜（かちく）	飼料（しりょう）	穀物（こくもつ）	負荷（ふか）
排泄物（はいせつぶつ）	頭（あたま）が下（さ）がる	得策（とくさく）	対岸（たいがん）の火事（かじ）	展望（てんぼう）
冒頭（ぼうとう）	代替（だいたい）	知見（ちけん）	エポックメイキング	繁殖（はんしょく）
際立（きわだ）つ	恒温動物（こうおんどうぶつ）	高騰（こうとう）	いうなれば	枯渇（こかつ）

4章　生活科学の扉

Chapter 1

廃棄（はいき）する	あける	寄付（きふ）する	在庫（ざいこ）	大幅（おおはば）
一環（いっかん）	納品（のうひん）する	即（そく）〜	投稿（とうこう）	相次（あいつ）ぐ
倫理観（りんりかん）	報（ほう）じる	言及（げんきゅう）する	煽（あお）る	風潮（ふうちょう）

必至	むなしさ	仕様	たどる	焼却
いくぶん	横流し	皮肉	手がける	陳腐
セオリー	据える	値崩れ	毀損	計上 する
金利				

Chapter 2

招く	割り出す	満潮	見過ごす	目を留める
想定	飛躍的	警戒する	皮切り	突きとめる
自在	ひいては	厄介	象牙	ささやか
拍車がかかる	用済み	痛々しい	はちきれる	ひな
慢性的	勘違い	耐久性	類い	

5章　人文学の扉

Chapter 1

提げる	黙々と	就く	容貌	えんえんと
黙りこくる	口を結ぶ	年季がはいる	話にならない	手違い
憤然	くぐもる	香ばしい	漂う	せめてもの
凝らす	放つ	息をひそめる	ささやき	おずおずと
大胆	はじく	軽やか	奏でる	きびすを返す
もたもたする	出来栄え	不釣り合い	氏素性	もってこい
がらくた	いぶかしい	気勢	口をつぐむ	眼差し
呆然	でたらめ	くぼむ	さらう	素養
はるか	かすか	制する	寝かせる	身じろぎ
白む				

Chapter 2

連帯する	稼働する	ひょっとすると	配慮	付きまとう
不可解	享受する	骨が折れる	後は野となれ山となれ	おざなり
誇張	大同小異	深淵	紡ぎ出す	分かつ
領分				

6章　医療・保健学の扉

Chapter 1

懸案 けんあん	臓器移植 ぞうきいしょく	摘出 てきしゅつ	蘇生 そせい	約束ごと やくそく
色彩 しきさい	拍動 はくどう	兆候 ちょうこう	埋葬する まいそう	痛ましい いた
見込み みこ	瀕死 ひんし	ためらう	不信感 ふしんかん	情緒 じょうちょ
粗末 そまつ	陥る おちい	おもんばかる	添う そ	危惧 きぐ
錯覚 さっかく	傲慢 ごうまん	倫理 りんり	歯止め はど	功名心 こうみょうしん
狂う くる	統合 とうごう	全体像 ぜんたいぞう	浮かび上がる うあ	排除する はいじょ
きわめる	想起する そうき	生命の起源 せいめいきげん	受精 じゅせい	刻む きざ
生殖細胞 せいしょくさいぼう	一群 いちぐん	ダイナミック	表裏一体 ひょうりいったい	捉える とら
諸相 しょそう	穿つ うが			

Chapter 2

皮膚 ひふ	イモリ	プラナリア	再生 さいせい	義手 ぎしゅ
入れ歯 いば	両生類 りょうせいるい	胴体 どうたい	断片 だんぺん	増殖する ぞうしょく
精子 せいし	あか	分裂する ぶんれつ	すり傷 きず	腎臓 じんぞう
肝臓 かんぞう	幹 みき	散らばる ち	全能性 ぜんのうせい	受精卵 じゅせいらん
枝分かれする えだわ	組織 そしき	胎盤 たいばん	試験管 しけんかん	培養する ばいよう
万能 ばんのう	拒絶反応 きょぜつはんのう	初期化 しょきか		

7章　芸術学の扉

Chapter 1

一流どころ いちりゅう	単行本 たんこうぼん	類を見ない るいみ	でまかせ	重鎮 じゅうちん
キャラ	幅が出る はばで	くだらない	なげかわしい	貪欲 どんよく
気が済む きす	露わ あら	あらためて	絵コンテ え	あえて
使いまわし つか	形にする かたち	内心 ないしん	支柱 しちゅう	明快 めいかい
愛嬌 あいきょう	憎めない にく	壮大 そうだい	削る けず	いまだに
熟慮 じゅくりょ	うらみつらみ	片思い かたおも		

Chapter 2

めぐる	かたわら	まさしく	神秘的（しんぴてき）	幽遠（ゆうえん）
あたかも	清浄（せいじょう）	めぐらす	一貫（いっかん）する	隆盛（りゅうせい）
壮麗多彩（そうれいたさい）	禁欲的（きんよくてき）	モティーフ	屏風（びょうぶ）	縁取（ふちど）る
つなぎ	常套手段（じょうとうしゅだん）	優雅（ゆうが）	担（にな）う	吉祥（きっしょう）

8章　理学の扉

Chapter 1

素数（そすう）	カラクリ	垣間見（かいまみ）える	覗（のぞ）く	ずれる
～たて	～がかり	たまったものではない	狭（せば）まる	塞（ふさ）ぐ
骨折（ほねお）り損（ぞん）のくたびれもうけ	ざっくりと	戦略（せんりゃく）	交雑（こうざつ）	最小公倍数（さいしょうこうばいすう）
発揮（はっき）する	間隔（かんかく）	頻繁（ひんぱん）	推測（すいそく）する	自（みずか）ら
たまたま	進化論（しんかろん）	やりとり	元（もと）も子（こ）もない	ずらす
解読（かいどく）	経緯（けいい）	何（なん）らか	傍受（ぼうじゅ）する	さらす
一巻（いっかん）の終（お）わり	開（ひら）き直（なお）り	文字通（もじどお）り	即座（そくざ）	桁（けた）
途方（とほう）もない	当（あ）たる	功績（こうせき）	頭文字（かしらもじ）	権威（けんい）
絡（から）む	脅（おびや）かす	～合戦（がっせん）		

Chapter 2

等速直線運動（とうそくちょくせんうんどう）	所詮（しょせん）	培（つちか）う	手（て）っ取（と）り早（ばや）い	垂直（すいちょく）
直交（ちょっこう）する	命名（めいめい）	由来（ゆらい）	定規（じょうぎ）	値（あたい）
拡張（かくちょう）する	原子核反応（げんしかくはんのう）	核燃料（かくねんりょう）	核融合（かくゆうごう）	塊（かたまり）
化石燃料（かせきねんりょう）	太古（たいこ）の昔（むかし）	元素（げんそ）		

【出典一覧】

1章　社会学の扉

Chapter 1 - 藪下史郎監修　株式会社造事務所編著『オール図解！ピケティが教えてくれた格差と貧困のカラクリ』株式会社廣済堂出版 2015
- 本文画像：同上
- トビラ写真：PIXTA

Chapter 2 - 阿部健一「熱帯林消失と生物多様性」『kotoba』2010 年秋号　集英社
- 本文写真・本文画像：同上
- トビラ写真：PIXTA

2章　工学の扉

Chapter 1 - 戸田和孝『Argus‐eye』2010 年 1 月号 日本建築士事務所協会連合会
- 本文写真：[写真 5 客家土楼内部] iStock.com/itasun　[その他の写真] PIXTA
- トビラ写真：PIXTA

Chapter 2 - 『Newton 別冊　ゼロからわかる人工知能』2018 年 5 月発行　株式会社ニュートンプレス
(出典元の文章を改変している部分があります。また出典元にあっても掲載していないイラストがあります。)
- トビラ画像・本文画像：同上

3章　農・水産学の扉

Chapter 1 - 出山健示（文）水谷充（写真）「農業 水田稲作・畑作 室住圭一」『自然職のススメ』株式会社二玄社 2009
- 本文写真：同上
- トビラ写真：PIXTA
- グラフ：労働政策研究・研修機構（JILPT）産業別就業者数の推移（第一次～第三次産業）1951 年～ 2019 年年平均
https://www.jil.go.jp/kokunai/statistics/timeseries/html/g0204.html
2021 年 3 月 2 日取得

Chapter 2 - 水野壮監修『昆虫を食べる！昆虫食の科学と実践』洋泉社 2016
- 本文グラフ：同上
- トビラ写真：PIXTA

Chapter 3 - 本文画像：United Nations　　https://www.un.org/sustainabledevelopment/
(The content of this publication has not been approved by the United Nations and does not reflect the views of the United Nations or its officials or Member States.)

プラスα - 写真：[ザザムシ] ©HIDEAKI TANAKA/amanaimages [その他の写真] PIXTA
- 参考資料：内山昭一『ホントに食べる？世界をすくう虫のすべて』文研出版 2020

4章　生活科学の扉

Chapter 1 - 井出留美『賞味期限のウソ　食品ロスはなぜ生まれるのか』幻冬舎新書 2016
- 仲村和代、藤田さつき『大量廃棄社会』光文社新書 2019
- トビラ写真・漫画：『News がわかる　なくせ！食品ロス』2018 年 11 月号　毎日新聞出版
- 本文写真：Ridilover Journal「特集 フードロス年間 621 万トンの真実」
2018 年 2 月 2 日　https://journal.ridilover.jp/topics/1

Chapter 2 - 『ナショナルジオグラフィック日本版　プラスチック大特集』2018 年 6 月号（一部改編）日経ナショナルジオグラフィック社
- トビラ写真・本文写真・本文グラフ：同上

5章　人文学の扉

Chapter 1 ・いしいしんじ「調律師のるみ子さん」「玩具作りのノルデ爺さん」『雪屋のロッスさん』
新潮文庫 2011
　　　　　・トビラ写真・本文画像：PIXTA

Chapter 2 ・大澤真幸「深く現実的に 3〈未来の他者〉との連帯」『信濃毎日新聞』2012 年 6 月 16
日朝刊
　　　　　・トビラ写真：HOWDESIGN/stock.adobe.com

Chapter 3 ・参考資料：知的書評合戦ビブリオバトル公式サイト　　https://www.bibliobattle.jp/

6章　医療・保健学の扉

Chapter 1 ・柳澤桂子「科学が踏みにじる死」『生と死が創るもの』草思社 1998
　　　　　・トビラ画像：PIXTA

Chapter 2 ・『Newton 別冊 山中伸弥教授が語る 最新 iPS 細胞』2018 年 3 月発行　株式会社ニュー
トンプレス
　　　　　(出典元の文章を改変している部分があります。また出典元にあっても掲載していないイラストがあります。)
　　　　　・本文画像：同上
　　　　　・トビラ画像：京都大学教授 山中伸弥

7章　芸術学の扉

Chapter 1 ・『手塚治虫文化賞 20 周年記念 MOOK マンガの DNA—マンガの神様の意思を継ぐ者た
ち—』朝日新聞出版 2016
　　　　　・本文写真：[鈴木敏夫氏] 朝日フォトアーカイブ
　　　　　・本文画像：[風の谷のナウシカ] Studio Ghibli
　　　　　　　　　　　[かぐや姫の物語] 2013 畑事務所・Studio Ghibli・NDHDMTK
　　　　　　　　　　　[新寶島] 手塚プロダクション・酒井七馬
　　　　　・トビラ画像：《鳥獣人物戯画 甲巻》栂尾山高山寺蔵

Chapter 2 ・高階秀爾「余白の美学」『日本人にとって美しさとは何か』筑摩書房 2015
　　　　　・本文画像：《松林図》東京国立博物館蔵　ColBase　https://colbase.nich.go.jp
　　　　　　　　　　　《燕子花図屏風》根津美術館蔵
　　　　　　　　　　　「洛中洛外図屏風」東京国立博物館蔵
　　　　　　　　　　　　ColBase　https://colbase.nich.go.jp
　　　　　　　　　　　「誰が袖図屏風」サントリー美術館蔵
　　　　　・トビラ写真：PIXTA

Chapter 3 ・本文画像：《讃岐院眷属をして為朝をすくふ図》東京国立博物館蔵
　　　　　　　　　　　ColBase　https://colbase.nich.go.jp

プラスα 　・画像：《待月》足立美術館蔵
　　　　　　　《枯木鳴鵙図》和泉市久保惣記念美術館蔵
　　　　　　　《風神雷神図屏風》建仁寺蔵

8章　理学の扉

Chapter 1 ・竹内薫『素数はなぜ人を惹きつけるのか』朝日新書　朝日新聞出版 2015
　　　　　・トビラ写真・本文写真・本文画像：PIXTA

Chapter 2 ・松浦壮『宇宙を動かす力は何か—日常から観る物理の話—』新潮新書 2015
　　　　　・本文画像：同上
　　　　　・トビラ写真：©CSU Archives/Everett Collection/amanaimages

Chapter 3 ・本文写真：PIXTA
　　　　　・参考資料：横山明日希『読み出したら止まらない！文系もハマる数学』青春出版社
2021

JASSO　日本語教育センター
『上級日本語教材　留学生のための分野別学びの扉』作成グループ

大阪日本語教育センター　　　清水　孝司

郷田　雅美

丸岡　祥子

磯田　郁子

東京日本語教育センター　　　保志　茂寿

上級日本語教材　留学生のための分野別学びの扉

2022 年 9 月 20 日　初版発行

［編集・制作］　JASSO　日本語教育センター
　　　　　　　　日本学生支援機構　大阪日本語教育センター
　　　　　　　　日本学生支援機構　東京日本語教育センター
　　　　　　　　https://www.jasso.go.jp/ryugaku/study_j/jlec/index.html

購入後アンケート

［発 行 者］　久保岡 宣子
［発 行 所］　JDC 出版
　　　　　　　〒 552-0001　大阪市港区波除 6-5-18
　　　　　　　TEL.06-6581-2811(代)　FAX.06-6581-2670
　　　　　　　E-mail:book@sekitansouko.com
　　　　　　　郵便振替　00940-8-28280
［印刷・製本］　株式会社エス・ビー・プリンティング

上級日本語教材

留学生のための
分野別 学びの扉

［ 解 答 ］

JASSO 日本語教育センター

1章　社会学の扉

[内容確認1]

1．×　　　　2．○　　　　3．○　　　　4．×　　　　5．×
6．○　　　　7．×　　　　8．○

[ことばの練習]

1．行き過ぎた　　2．手を打たない　　3．納める　　4．飛び火し
5．矛先　　　　　6．画期的な　　　　7．潤沢な　　　8．放って
9．矛盾　　　　　10．欠かせない　　11．裏づける

[表現]

A （例）なぜ大学で農業を専攻したいかというと、生産性を高めるような農業技術の研究
　　　　をしたいからです。

B （例）彼はリーダーシップがあり、かつ実行力もある。だから、みんなに信頼されてい
　　　　る。

C （例）ひとりの政治家の失言が発端となり、日本中で政府に対する批判の声が上がっ
　　　　た。

D （例）彼女は人柄はとてもいいんです。ただ、仕事が遅いのでみんな困っています。

[内容確認2]

1．資本収益率は経済成長率より大きいから。つまり、一般の国民が働いて得た所得の
　　伸びより、株式や不動産などの資産を持っている富裕層の利益の伸びのほうが大き
　　いため、経済が成長すればするほど格差は拡大し続ける。

2．わずかな富裕層とその他の大部分の人との経済的な格差問題を世界各国が抱えてい
　　るから。

3．富裕層の家庭に生まれた子どものほうが、低所得層の子どもに比べて一流大学に進
　　みやすいというデータがあり、強い相関関係がある。

4．返済義務のある奨学金が主流で、利子を取る形式の奨学金が増加しており、卒業後
　　その返済に苦しむことになりかねない点。

5．（例）日本には所得格差、教育格差、医療格差、情報格差、ジェンダー格差、地域
　　格差などがある。格差は単独に存在するのではなく互いに密接に関連し合ってい
　　る。例えば、所得格差によって受けられる教育や医療に差が生じ、地域格差が所得
　　格差を呼ぶ。社会福祉や奨学金を充実させ、格差の拡大を食い止める方法を考える
　　べきだと思う。

■□ Chapter 2 □■

[内容確認]

1. ①自然に対して少しでも興味のある人に関心を持ってもらうこと　②綿密な調査
　　③その数が非常に多い　　④生きもの全てに価値があることを示せること
　　⑤「絶滅危惧種」のような直截的なメッセージに欠ける　⑥受けている様々な恩恵

2. ①木材業界の人　②自然保護団体の人　③多くの人

3. ①先進国の木材業者や途上国の政府　　②生活の場、糧　　③先進国の一般の人

4. ①巨大で頑強な　②征服すること／人為を加えて改変して利用すること　③繊細で
　　脆い　④環境の変化　⑤天然更新の機会が限られている　⑥再生が非常に難しい

5. ①貨幣　②生物多様性と生態系を経済的に評価する　③政治家や企業家にも関心を
　　持たせ、保全に向けた行動を起こさせること

6. 熱帯林を含めた生態系、生物多様性は、人の役に立つから重要なのではなく、存在
　　することこと自体に価値があり、どの生物も他の生物がいなければ生きられないという
　　こと。

7. （例）海を埋め立てて飛行場を建設する際の環境問題がある。飛行場建設によっ
　　て、経済的に利益を得たり、利便性が高まる人々は賛成するであろう。一方、飛行
　　場建設によって、サンゴ礁やマングローブなどの自然が破壊され、海での生活基盤
　　が奪われる人々や、自然保護を訴える人々は反対するであろう。立場によって意見
　　が異なるため、両者の歩み寄りは難しいと考えられる。

■□ Chapter 3 □■

　　ニュースを集め、要約してほかの人に伝える練習を通じて、情報を収集・整理する力を
身につける。

- ◆ ニュースの情報源を確認する。特にインターネット上のニュースは発信元が信頼
　　できるかどうかに注意が必要である。
- ◆ 複数のメディアにあたる。同じニュースであっても、異なるメディアの記事を読み
　　比べたり、異なる言語での報道を比較したりすることで発見することがある。イン
　　ターネット上の情報だけでなく、新聞などの印刷物も活用する。
- ◆ ワークシートにまとめる際には、「である体」（常体）を用いるが、発表時は「です
　　ます体」（敬体）を用いる。書くときと話すときの文体の違いに留意する。

■□　Chapter 1　□■

[内容確認 1]

1．×　　　　2．○　　　　3．○　　　　　4．×　　　　5．○
6．×　　　　7．○　　　　8．○

[ことばの練習]

1．へこんで　　　2．ポリシー　　　3．くぐる、ほんわかした　　4．ともすれば
5．叡智の結晶　　6．駆使して　　　7．染み込んで　　　8．糧
9．施されている　10．老朽化　　　11．見舞われた　　　12．心もとない

[表　現]

A（例）彼は当時、医者にしてオリンピック選手でもあった。

B（例）三つ星レストランのシェフの腕をもってしても、その味を再現するのは容易
　　　　ではない。

C（例）意見を言うに言えない雰囲気で、私は黙るしかなかった。

D（例）新入社員の頃は、ビジネスマナーがわからなかったゆえに上司に何度も叱られ
　　　　た。

[内容確認 2]

1．完全な直線で作ったら中央がへこんで見えるので、まっすぐ見えるように視覚的に
　補正するため。

2．老朽化したため補修が必要だが、高度な技術が用いられているため、補修の方法が
　わからないこと。

3．外に対して防御、内に対して団結・団欒

4．その土地の気候条件に合っていない形状だから。（沖縄の家のように屋根の勾配が緩
　ければ、屋根の上の雪が落ちずに積もってしまうし、白川郷の建物は強風の影響を
　直接に受けてしまうから）

5．（例）五重塔の中央を貫く大きな心柱が各階と逆の方向に動き、その揺れを吸収し
　ていると言われている。また、各階が独立して動くので、横揺れを吸収するとも言
　われている。しかし、その他の要因も考えられ、地震に強いメカニズムは実際には
　まだよくわかっていない。

[内容確認]

① 未来の状況に対して仮説を立てられる

1.

ポジティブな可能性	ネガティブな可能性
① 人類が長年解決できていない科学の難問にも答えを出してくれるかもしれない	① 人工知能の暴走（道具的収斂）が起きるかもしれない
② 人類がまだ発見できていない物理法則を見つけ出すかもしれない	② 最初の人工知能開発者だけが経済的利益などの多くの利益を独占するかもしれない
③ 地球規模の問題について解決策を提示してくれるかもしれない	③ 人間のほとんどの仕事が奪われるかもしれない

2．①超高速である　②人工知能だけ　③利害がからみ

3．人工知能が人間の知能を上回り、人類がその先の変化を予測できなくなる

4．①2029 年にはあらゆる分野で人工知能が人間の知能を上まわる　②2045 年にはシンギュラリティが来る　③将来的に融合する

5．a）人工知能がこのまま進化すれば、あらゆる分野で人間の知能を上まわる時代がいずれくること。

　　b）あとわずか数十年でシンギュラリティがやってくるということ。

6．（例）肯定的に見ると、AI が人間の生活に豊かさとゆとりをもたらし、なくてはならないパートナーのような関係になると思う。しかし、否定的に見ると、AI が人間の職を奪うだけでなく、社会のあらゆる分野の中枢となり、最終的には人間を支配する存在になりかねないと思う。

■□　Chapter 3　□■

　現在身近にある AI や最先端の AI について調べた上で、未来社会での人間と AI の関わり方を想像し、物語風に書く。

◆ 文体や語彙、語順、構成などが、意見文やレポートとは違うことを意識させて自由な発想で書く。

参考：

・ アイザック・アシモフ『われはロボット』　・ 星新一『きまぐれロボット』

・ スタニスワフ・レム『ソラリス』　　　　・ 瀬名秀明『ポロック生命体』

・ カズオ・イシグロ『クララとお日さま』

■□ Chapter 1 □■

[内容確認1]
1．×　　　　2．○　　　　3．×　　　　4．○　　　　5．×
6．×

[ことばの練習]
1．手がかり　　　2．打ち込んだ　　　3．感嘆する　　　4．経て/へこたれては
5．勝手が違って　　6．あくせく　　　7．志し　　　8．それなり
9．染まって　　　10．いつしか　　　11．力まず　　　12．快く

[表　現]
A （例）彼はリーダーとしてふさわしいのだろうか。いや、むしろリーダーを支える
　　　　二番手のほうが向いていると思う。
B （例）子供たちからの期待が彼をリングに向かわせた。
C （例）人類が火星に移住できるようになるというのは、あくまでも希望的観測にすぎない。
D （例）店員に勧められるままに新しいサンダルを買ってしまった。

[内容確認2]
1．国際協力活動に参加するための知識や技術がなかったので、農業技術を身につけようとした。

2． （例）他人からの依頼や誘いに快くこたえることによってできる人と人とのつながりを大切にして農業をやっていきたいと思ったから。

3． （例）食に対する考え方、生きがいとしての仕事、小さなことにこだわらず何ごとも受け入れる姿勢など、生き方そのものを学んだ。

4．その地域の特色や人間関係など自分のおかれている状況を正しく理解し、自分がやるべきことをやり、言うべきことを言うという生産に対する姿勢。

5． （例）第一次産業に従事している人が高齢化している。また、天候や農業政策、国際情勢等の影響を受けやすく、収入が安定しない。

■□ Chapter 2 □■

[内容確認]

1．①かかる　　②農地を確保しなければならない　　③肥料や農薬を投入する必要が
ある　　④輸送　　　　　⑤大きい　　　　　⑥温室効果ガス

2．国際機関が、昆虫を食材として捉え、地球環境に低負荷な食料及び飼料であるとそ
の価値を認めたこと。

3．①優れている　　②牛や豚より少ない　　③ライフサイクルが短い　　　④多い
⑤小さい　　　　⑥優秀である

4．①高騰する　　②圧迫される　　　　③魚粉の代替飼料として昆虫を使う

5．（例）昆虫食には、食糧難の解決や環境保護に役に立つ利点がある。しかし、見た
目や馴染みのない食材への抵抗から、普及はそれほど簡単ではない。まず、飼料と
してのより幅広い活用や抵抗感をなくすためのイメージ戦略が必要であろう。

6．（例）現在、生育が管理され、収穫量が安定する水耕栽培、ＡＩを使った効率的な
農業や養殖が行われている。今後、スマート農業のように人力を減らした農業がさ
らに進んでいくと思う。また、遺伝子操作によって、短いスパンで成長し、可食部
が多い動植物が育てられるようになるだろう。３Ｄプリンターで人工的に作るよう
な食品やサプリメントでの栄養摂取も増えてくると思う。

■□ Chapter 3 □■

SDGs に関する取り組みについて調べ、スライドを用いてプレゼンテーションを行う。

◆ 調べたことの中から内容を絞り、最も伝えたいことが効果的に伝わる構成を考えて
スライドを作成する。
◆ プレゼンテーションの前後にセルフチェックをすることで自分の発表が聴衆にはど
のように見え、どのように聞こえるかを認識し、客観性を高める工夫をする。
◆ 必要に応じて、レジュメを用意して発表時に配布したり、発表後にレポート作成を
したりしてもよい。

SDGs については現在様々なレベルでの取り組みがある。
参考：
・ 国連開発計画（UNDP）
https://www.jp.undp.org/content/tokyo/ja/home/sustainable-development-goals.html
・ 外務省　JAPAN SDGs Action Platform
https://www.mofa.go.jp/mofaj/gaiko/oda/sdgs/index.html

■□ Chapter 1 □■

[内容確認１]

1．×　　　　2．○　　　　3．○　　　　4．×　　　　5．○

6．○　　　　7．×　　　　8．×

[ことばの練習]

1．あけて　　　　2．相次いで　　　　3．一環　　　　4．セオリー

5．据え　　　　6．報じられ　　　　7．煽っている　　　　8．むなしさ

9．たどって　　　10．手がけた　　　11．陳腐な

[表　現]

A（例）非常に厳しい訓練だったものの、途中であきらめる人は少なかった。

B（例）あの時の選択が正しかったか否か、誰もわからない。

C（例）アルバイトの面接ならまだしも、入社試験の面接にその服装はよくないんじゃないですか。

D（例）いかにして人命を救うかを最優先に考えましょう。

[内容確認２]

1．需要予測が難しい上に、食品メーカーは指定された商品の数を納品できなければ小売店に罰金を払わなければならないため、必要以上に生産するから。また、行事の日を１日過ぎれば価値がなくなってしまうから。

2．ニホンウナギは絶滅危惧種であるにもかかわらず、うな重を必要以上に生産し売れ残っているから。

3．以前、「もったいない」という考えを世界に広めた日本が、徹底した管理のもと「もったいない」ことをして評価されていること。

4．商品が安く出回ることによる値崩れやブランド価値の毀損を防ぐため。また、在庫の廃棄によって処理費用が計上できるので節税になるため。

5．（例）料理が余って廃棄しなければならない飲食店と、それを格安な値段で購入したい消費者をつなぐフードシェアリングプラットフォームや、売れ残ったアパレル製品を買い取り、自社のブランドタグに付け替えて安く販売する会社がある。また、企業や家庭などから安全に食べられるのに廃棄されそうな食品を寄付してもらい、必要とする人々や施設に提供するフードバンクやフードドライブという活動があり、民間だけでなく多くの自治体でも実施している。

［内容確認］

1．① 微細な粒子になったプラスチック

　　② 砂浜や深海の堆積物から北極の海氷までのあらゆる海域　　③ 魚の内臓

2．a）魚が食べた粒子が人間が食べる魚肉に入り込む科学的な証拠はほとんどないから。

　　b）プラスチックに添加された化学物質やマイクロプラスチックの劣化で生じるとされるナノプラスチックが魚の生体組織や人体に入り込む可能性があること。

3．① 20世紀初め　② 豊富で安価な石油　③ 連合軍　④ 210万　⑤ 4億700万

4．プラスチック製品の急激な増加に、ごみ処理システムの整備がまったく追いついていないこと。

5．a）海洋生物が食べ物と間違えて誤飲したり、漁網が体に絡まったりして生命の危機を与えている。

　　b）（例）放置されたプラスチックを野生動物が誤飲するのはもちろん、劣化し細かく粉砕したプラスチックが水や土壌を汚染して動植物の生育を阻害し、それを摂取する人間にも影響を与えるのではないかと思う。

6．（例）現在多くの国でレジ袋の規制があり、禁止や有料化されているところがある。各国で削減目標が設定され、プラスチック容器やストローの廃止、代替品への移行も実施されており、消費者の意識変革を目指す宣伝も盛んである。また、バイオマスプラスチックや生分解性プラスチックの開発も進められている。今後、できるだけプラスチックを使用しない環境に配慮した生活が主流になるのではないかと考える。

■□　Chapter 3　□■

「なくてもいいもの」を一つ選び、その根拠を客観的に示しながら、意見文を作成する。

- ◆ はじめにテーマに関する情報を収集する。背景を把握し、自分の考えを支持する根拠になるような資料を用意しておく。
- ◆ 文末表現に注意して書く。「～のだろうか」（問題提起）、「～と思われる、～と考えられる」（考察）、「～と考える、～のではないだろうか」（意見表明）等、意見文にふさわしい表現を用いる。

5章　人文学の扉

■□　Chapter 1　□■

[内容確認1]
1．×　　　　　2．×　　　　　3．○　　　　　4．○　　　　　5．×
6．○　　　　　7．○　　　　　8．×

[ことばの練習]
1．もたもたして　　2．おずおずと　　3．就けず　　4．きびすを返し
5．もってこい　　6．話にならない　　7．えんえんと　　8．奏でる
9．凝らした　　10．でたらめ　　11．手違い　　12．口をつぐんだ
13．せめてもの

[表現]
A（例）彼は勉強もせず毎日ゲームばかりしている。それでいて国公立大学しか受けない
　　　と言っている。
B（例）ご迷惑をおかけしてすみませんが、私の代わりに今度の出張に行っていただくわ
　　　けにはいきませんか。
C（例）彼は何か言いたげにこちらを見つめていたが、何も言わずに出て行った。
D（例）大好きな歌手のコンサートはチケット代が高かろうが、会場が遠かろうが、必ず
　　　行く。

[内容確認2]
1．（例）近いうちに調律が必要になるから。／わずかな音の違いを感知する耳の良さ
　　と、普通の人には気づかれないような音のずれをつけることができる自分の調律の
　　技術を密かに誇らしく思っているから。

2．調律した時にわざと音を外していたことに気づかれたと思ったから。

3．（例）事故で指を失ってピアノ奏者になることを断念してから、音楽に対して屈折
　　した思いを持っていたが、手紙とチョコレートケーキによって、助けた相手の成長
　　や気持ちに触れ、音楽の美しさやすばらしさを再び感じることができるようになっ
　　た。

4．（例）音楽への愛情を取り戻し、今なら老人の家のピアノが持つ本来の音を引き出
　　し、自分の仕事を全うすることができると思ったから。

5．津波で亡くなった自分の子供たちを慰めるため。

6．自分の家族が巻き込まれた遊覧船の海難事故の記憶が蘇ったから。

7．玩具を海に投げ込むノルデ爺さんの行動を理解し、一人生き残った自責の念や苦しみから、自分も亡くなった子供を慰めるために玩具を作ろうと思うようになった。

8．（例）亡くなった子供たちの元へ向かうノルデ爺さんが安らかに眠れるように祈り、ここで玩具作りをすることで自分の家族とノルデ爺さん一家の鎮魂を続けようと考えていたと思う。

■□ Chapter 2 □■

［内容確認］

1．将来世代の利害や生存に影響を与えるような意思決定において、どうすれば未来の他者への配慮を組み込み、未来の他者との連帯を実現することができるのかという問題。

2．人は自分が恩恵を受けることができないとわかっている長期的なことに対しても力を尽くすということ。

3．将来の価値は割り引かれ、その割引率は時間の流れに沿って均等というわけではなく、近い未来で極端に大きく誇張され、その後差は小さくなる。

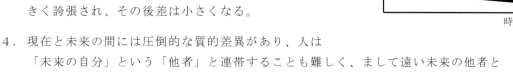

4．現在と未来の間には圧倒的な質的差異があり、人は「未来の自分」という「他者」と連帯することも難しく、まして遠い未来の他者との連帯は非常に困難であること。

5．「未来の自分」のことを配慮し、「未来の自分」と「連帯」すること。

6．「未来の他者」と「未来の自分」はどちらも「他者」であってその差異は相対的なものなので、「未来の自分」という「他者」との連帯が可能であるなら、遠い「未来の他者」との連帯も可能であるということ。

7．（例）世界には放射性廃棄物や温室効果ガスの問題をはじめ、未来の人々へ甚大な影響を及ぼしかねない問題が多く存在するが、人間は現在の利益を優先しがちで、未来の他者に配慮することは容易ではない。しかし、「未来の自分」という〈他者〉との連帯が可能であるならば、数百年後、数万年後の〈他者〉とも連帯できるはずだという筆者の考えは、この容易ではない道を進むための希望になるのではないかと思う。

■□ Chapter 3 □■

参考：
- 知的書評合戦ビブリオバトル公式ウェブサイト（https://www.bibliobattle.jp/）にビブリオバトルに関する詳細や紹介動画がある。
- ビブリオバトルは小中高校、大学、図書館、書店等で広く行われている。高校や大学の全国大会も開催されており、その様子は You Tube で公開されている。

■□ Chapter 1 □■

[内容確認1]

1．×　　　　　2．×　　　　　3．○　　　　　4．○　　　　　5．×
6．○　　　　　7．×

[ことばの練習]

1．懸案　　　　　2．倫理　　　　　3．狂わせる　　　　4．ためらっている
5．瀕死　　　　　6．きわめた　　　　7．歯止め　　　　　8．表裏一体
9．おもんばかる　　10．添って　　　　11．危惧

[表現]

A（例）コンビニには社会インフラとしての役割がある。
B（例）もしこの技術が実用化されれば、大きなエネルギーが手に入るだろう。しかし、
　　　　コントロールを間違えると、大きな災害を引き起こす恐れもある。
C（例）このコースはプロでも難しい。まして、素人の君には無理だよ。
D（例）この山は登山家に悪魔の山と恐れられている。事実、今年も3人の登山家が命を
　　　　落とした。

[内容確認2]

1．手術の成功を優先させ、臓器提供者を粗末に扱ったり、脳死に陥った人に近しい人
　の気持ちをおもんばかってくれないのではないかと、科学に対する不信感を持って
　いるから。

2．私たち人間がすべてを支配しているような錯覚に陥り、非常に傲慢になっている。
　そのため、人間が人間を操作しはじめると、歯止めがきかなくなり、さらには、何
　かを成し遂げる快感や功名心が判断を狂わせるのではないかという危惧を抱いてい
　る。

3．私たち多細胞生物は、受精の瞬間から毎日少しずつ死んでいくようにプログラムさ
　れており、死とは一生をかけた連続的なプロセスである。そして、生と同様に36億
　年の歴史を持っており、生と表裏一体となった非常にダイナミックなものである。

4．（例）本人の生前の書面での意思表示と家族の承諾が必要となる。本人の意思表示
　が不明な場合や子供の場合でも、家族の承諾があれば可能となる。

■□ Chapter 2 □■

［内容確認］

1．異なる種類の細胞になれると同時に自らの数を増やすこともできる

2．①限定　　②全能性 ⇒体のあちこちに幹細胞があり、どんな細胞にもなれる
　　③全能性 ⇒体の場所ごとに異なる種類の幹細胞があり、その場所の細胞にしかなれない

3．①どんな細胞にもなれる　　②約 270　　③違った機能をもった　　④器官

4．①胎盤以外の体を作るどの細胞にもなれる多能性を持っている
　　②胎盤胞の内部細胞塊の細胞を取りだして、試験管の中で培養する
　　③大人や子供の皮膚などの細胞を遺伝子操作して人工的につくる
　　④胚をこわしてつくる点で、倫理的な問題がある
　　⑤他人に移植すると拒絶反応の心配がある
　　⑥自分の細胞からつくれるので、拒絶反応の心配はない

5．（例）ヒトの細胞の再生が、プラナリアと異なり限られているのは、幹細胞の能力
　　の差による。どんな細胞にでもなれる受精卵の状態に近づけたのが iPS 細胞や ES 細
　　胞である。両者は見た目や能力はほぼ同じだが、倫理面や拒絶反応の点から iPS 細
　　胞のほうが優れている。

6．（例）損傷した臓器や身体の再生が可能になる。また、iPS 細胞を使って、その患者
　　独自の治療法や新薬の開発ができるようになる。課題は、最新の技術にコストがか
　　かり、お金のある人しか受けられない医療になってしまう恐れがあることなどであ
　　る。

■□ Chapter 3 □■

　ミニ・ディベートを通じて論理的な思考力を養い、限られた時間内で説得力をもって自
分の意見を話し、相手の意見を理解する力を身につける。

- 自分の意見と関係なく、与えられた立場から物事を見ることで、客観的に考える力
  を養う。
- ディベートが終わった後に、話し合いの時間を持ち、役割を離れて良かった点や反
  省点などを話し合い、今後に生かす。

■□　Chapter１　□■

［内容確認１］

1．×　　　　2．×　　　　3．×　　　　4．○　　　　5．○
6．○　　　　7．○　　　　8．×　　　　9．○　　　　10．×

［ことばの練習］

1．あらためて　　2．削る　　　　3．貪欲に　　　4．なげかわしい
5．憎めない　　　6．露わに　　　7．でまかせ　　8．うらみつらみ
9．あえて　　　　10．類を見ない　11．形にして　12．人間味
13．幅が出て　　　14．気が済まない　15．内心

［表現］

A （例）今年の学祭にうちのサークルが出す模擬店はクレープ屋でいこう。
B （例）人が見ていないからといって、歩きながらおにぎりを食べるのはどうかと思う。
C （例）彼が怒るのは当然だ。彼を無視して計画を進めたわけだから。
D （例）人の上に立つ者は、人の気持ちのわかる人間であってほしい。

［内容確認２］

1．原稿料を安くすることのメリットは出版社がまた仕事の注文をくれること。
　マネージャーが優秀でないことのメリットは仕事上の不備をマネージャーのせいに
　して責任逃れができること。

2．手塚が宮崎をライバル視していたこと。

3．初期の漫画作品については非常に尊敬していたが、アニメーションはきちんと時間
　と予算をかけて作ろうとしないから許せないと考えていた。

4．次々とアイデアが出てくること。愛嬌があって憎めず、むちゃくちゃなことを言う
　が、笑顔が素晴らしいから周りが許すこと。生まれたまんまで大人になったような
　性格であること。

5．（例）高畑とその作品に対して自分ほど深く理解し、愛情を持っている人間はいな
　いと思っているから。

■□ Chapter 2 □■

[内容確認]

1．a）①余計なものを排除する　　　②美の世界を構成する

　b）

2．①未完成である　②神秘的な奥行き　③幽遠な雰囲気　④画面の主役

3．⑤白い砂礫　⑥清浄な空間　⑦余計なもの　⑧古い、簡素な　⑨保ち続けた

4．a）燕子花の周囲にある池の面や岸辺、空などの不要なものを覆い隠す役割。
　　b）場面と場面の間のつなぎの部分を覆い隠し、各場面が表すものを明確にする
　　　役割。

5．（例）持ち主の人間やその生活についてさまざまな想像をかきたてる効果がある。

6．（例）無地の金屏風は日本の絵画における余白のように、その前に立つ主役である
　　人の背景となって、主役を引き立てる効果がある。

7．（例）日本の茶会をする施設を茶室という。茶室は一般的には四畳半を基本とする
　　小さな部屋で、天井も低く簡素な造りである。茶室の前には露地と呼ばれる庭があ
　　り、躙り口という高さ・幅60センチ余りの入り口から入る。華美や贅沢を退け、精
　　神性を重視する「侘び」という美意識に基づき造られている。

■□ Chapter 3 □■

　対話型鑑賞は、美術の知識をもとにして作品と向かい合うのではなく、作品を観た者が
自分の感じたことや想像したことを話し合いながら、鑑賞をすすめていく方法である。
　まず、おのおのが作品をじっくり観る。その後、気づいたことや感じたこと、また、ど
こからそう感じたか、更に想像したことなどを話し合う。他者と感想や発見を共有し、異
なる見方や感じ方を知ることで、鑑賞が深まっていくことを目指している。
　※　この作品は歌川国芳筆《讃岐院眷属をして為朝をすくふ図》（19世紀浮世絵版画）である。

参考：
　・フィリップ・ヤノウィン著 京都造形芸術大学アート・コミュニケーション研究センター訳
　　（2015）『学力をのばす美術鑑賞−ヴィジュアル・シンキング・ストラテジーズ』淡交社
　・「はじめよう、対話による鑑賞の授業」中学校美術　光村図書
　　https://www.mitsumura-tosho.co.jp/kyokasho/c_bijutsu/taiwa/index.html

■□　Chapter 1　□■

[内容確認1]
1．×　　　2．○　　　3．×　　　4．×　　　5．○
6．×　　　7．×　　　8．×　　　9．○　　　10．○

[ことばの練習]
1．一巻の終わり　2．絡む　　　3．がかり　　　4．当たる
5．たて　　　6．何らか　　　7．元も子もない　8．たまったものではない
9．開き直って　10．やりとり　　11．ずれている　12．塞いだ
13．さらして　14．脅かす

[表現]
A（例）結婚式と一言でいってもさまざまです。最近はお金をかけずにする人も多いです。

B（例）ファンだからといって、毎日楽屋にお弁当を届けるなんて、相手からしてみればありがた迷惑ですよ。

C（例）このマンションは、新築で駅からも近いですよ。ちなみにすぐ前がスーパーです。

D（例）ゲームの腕前、すごいらしいね。いっそのことプロになったらどう？

[内容確認2]
1．定期的に大量発生すれば、いくら食べられても生き残る個体がある一定の数だけ存在し、絶滅せずに存続できること。

2．17と13の最小公倍数は221で頻繁に発生時期が重なることがなく、交雑する可能性は低い。そのため、純血が保て大量発生することができたからだと考えている。

3．その暗号を解く鍵を相手に届けなければならない点。

4．どんな素数が掛け合わされているか解明するために、途方もない時間がかかるから。

5．（例）素数の他に、フィボナッチ数列というものがある。イタリアの数学者フィボナッチ（1170～1259）が紹介した「どの数字も前の2つの数字を足した数字」という規則を持つ数列で、1.1.2.3.5.8.13.21.34～のように続く。自然界で多く見られ、花びらの枚数やひまわりの種の数列、木の枝分かれや気管支の枝分かれ、台風の渦巻きなどでも、フィボナッチ数列が見られる。

［内容確認］
① 手元の時計　　② 秒速 30 万　　③ 同じ

1．宇宙船の中では 1 秒だが、地上からでは 1 秒より長い。宇宙船の中では、光時計は静止しているので 1 秒になるが、地上から見ると、光の道筋が斜めになっているので 30 万 km より長くなるためである。（つまり、宇宙船の中のほうが、地上より時間がゆっくり進んでいる）

2．地上から見ると 1 秒だが、宇宙船の中では 1 秒未満で通過する。それは、宇宙船の中では時間がゆっくり進むからである。（よって、定規の長さは、地上では 15 万 km だが、宇宙船の中の人にとっては 15 万 km よりも短いということになる）

3．地上での物体の加速より、宇宙船の中での物体の加速のほうが悪くなる。それは、宇宙船の中の時間がゆっくり進んでいるためである。

④ 力を加えた時の速度の変化のしにくさ　　　⑤ 超えられない

4．物体に流れる時間はゆっくり進む。物体の質量は増加する。

5．スピードと質量が増加するのに使われる。ただし、物体は光のスピードを超えられないので、光のスピードに近づいていくと質量だけが増加していく。

6．その減少分に等しい量のエネルギーを宇宙空間に放出している。

7．（例）光のスピードだけが誰から見ても同じなのはなぜだろうと思った。また、時間や長さが見る場所によって違うこと、エネルギーがスピードと質量が増加するのに使われることにびっくりした。$E=mc^2$ の意味が少しわかったような気がした。地球の火山活動が止まると、大気の供給が止まり、地球が死の星となるのはなぜか疑問が残ったので、調べてみたい。

■□ Chapter 3 □■

　身の回りにあることから疑問を見つけ出し、それについて調べて他の人に説明する練習をする。

- 　自分で発見した疑問を大切にし、その焦点を明確にして、できるだけシンプルな問いを立てる。
- 　正解は一つではないかもしれないし、定まった答えが見つからないかもしれない。自分の問いについて多くを調べた上で検討し、自分なりの答えを作って説明する。
- 　身近な疑問にとどまらず、自分の専門分野や社会、世の中の現象についても自分なりの問いを立て、探究する姿勢を持つ。

■ □ MEMO □ ■